Para

_____

De

_____

Fecha

_____

# La Palestra del Guerrero Espiritual

Apóstol Dr. Mario H. Rivera

&

Pastora Luz Rivera

**Publicado por
LAC Publications
Derechos reservados**

© 2019 LAC Publication (Spanish Edition)
Primera Edición 2019
© 2019 Mario H. Rivera y Luz Rivera
Todos los derechos reservados.

ISBN: 978-0-578-53629-3

© **Mario H. Rivera y Luz Rivera
Reservados todos los derechos**

Ninguna porción ni parte de esta obra se puede reproducir, ni guardar en un sistema de almacenamiento de información, ni transmitir en ninguna forma por ningún medio (electrónico, mecánico, de fotocopias, grabación, etc.) sin el permiso previo de los editores. La única excepción es en breves citas en reseñas impresas.

Diseño de la portado: Juan Luque

Impreso en USA (Printed in USA)
Categoría: Guerra Espiritual

# Índice

1 **Capítulo**

**La Palestra Del Entrenamiento**

- Analogía
- Los Guerreros
- Los Guerreros Gladiadores
- Diferentes Clases de Gladiadores
- La Analogía de la Armadura de Dios
- ¿Dónde nace la analogía de la armadura de Dios?
- La Analogía del Soldado Romano
- Las Primeras Instrucciones del Guerrero
- La Palestra
- La Técnica del Guerrero
- Los Entrenamientos
- Logos Sapros Afecta La Capacidad Verbal
- Las Cosas Más Importantes Para La Batalla

2 **Capítulo**

**La Capacidad Para Recuperarse**

- La Supervivencia de Los Guerreros
- Las Estrategias del Diablo (Insidias)
- La Capacidad para Recuperarse
- La Capacidad de Levantarse
- Los Más que Vencedores
- La Resistencia del Guerrero Dimensional
- La Resistencia y Fortaleza

3 Capítulo

**Los Arsenales En La Lucha Espiritual**

- ¿Por qué Es Necesario El Orden En La Batalla?
- La Armadura Del Guerrero Espiritual
- Las Preguntas más Importantes de Un Guerrero
- Las Cosas Más Importantes para La Batalla
- Las Estrategias de Lucha del Creyente en Tiempo Final
- El Arsenal de Satanás
- El Arsenal del Guerrero Dimensional
- La Fortaleza Mental

4 Capítulo

**Los Espíritus Detrás De La Palestra**

- Los Guerreros
- La Influencia de los Espíritus de Guerra
- El Poder de la Sexta Palabra de Jesús en la Cruz
- La Mentalidad del Guerrero
- Las Artimañas del Adversario
- Los Efectos Del Dardo Encendido
- 

5 Capítulo

**Libertad De Los Poderes De Los Terrores Nocturnos**

- Las Batallas Nocturnas
- Etimología de Lilith
- La Estructura de Lilith
- El Modus Operandi De Las Fantasías Eróticas
- Los Blancos De Ataque De Lilith por Medio de Íncubos y Súcubos

6 Capítulo

## La Reina De Los Espíritus Nocturnos (I)

- Principales Entidades Místicas
- Lilith La Reina De Los Íncubos y Súcubos
- La Formación De La Estructura De Lilith
- El Modus Operandi De Las Fantasías Eróticas
- Receptores De Lilith
- Lilith En Los Movimientos Feministas

7 Capítulo

## La Reina De Los Espíritus Nocturnos (II)

- Estructura del Reino de Tinieblas
- La Anatomía de Los Íncubos y Súcubos
- La Pseudociesis
- Las Etapas del Sueño
- La Puerta De Los Íncubos Y Súcubos

# INTRODUCCIÓN

Este tema contiene la idea de unir el poder de la palabra de Dios dentro de la esfera del conocimiento, entendimiento y sabiduría. Al conjugar lo adquirido, se ordena y se aplica, se completa una ecuación que dará los resultados tanto esperados en el desempeño de la labor ministerial y de todo creyente en general.

No obstante, es el buen deseo de Dios que todos pongamos en practica este principio divino, sin embargo, solo un grupo selecto de combatientes quiere aceptar el reto de enlistarse en las filas del gran ejercito celestial. Y en la medida que cada uno acepta el llamado, comienza una faceta llena de preparación, y equipamiento, para adiestrar hombres y mujeres que puedan ser usados poderosamente para cumplir el propósito de Dios.

El propósito maravilloso consiste en estar preparado para enfrentar las insidias del maligno, ya que las batallas actuales se han acrecentado por motivo que estamos en los tiempos finales. Es por ello la importancia de adoptar una mentalidad militar para poder entender en los términos que Dios nos habla en su palabra, por ejemplo, cuando el apóstol Pablo se refiere a la armadura de Dios, hizo una analogía y la escribe en una carta dirigida a los creyentes que estaban en Éfeso como la epístola a los Efesios.

Esa analogía esta basada en la armadura que usaba el soldado Romano, de manera que explica el significado de manera estratégica para el soldado de Dios. Resaltando así la importancia de lo estratégico que debe de ser el creyente en Cristo Jesús en orden de ser vencedores en sus conflictos y enfrentamientos con el reino de las tinieblas.

El ordenamiento y las estrategias de un General comandante de ejercito, consiste en planificar los escenarios de guerra, un comandante de batallón se encarga de la táctica de batallas y un capitán o centurión se encarga del entrenamiento individual de combate de cada guerrero. Me llama la atención dentro de los orígenes de las guerras famosas a través de la historia, la forma muy particular que utilizaba el ejercito romano para entrenar a sus valientes guerreros, ellos utilizaban la Palestra que significa el lugar de la lucha, es decir tenían un lugar muy bien acondicionado para llevar a cabo la Escuela de la Lucha.

Hoy en día Dios llama a los siervos en las congregaciones a formar lugares de entrenamiento y equipamiento intensivo para alcanzar niveles de excelencia y que surjan combatientes y sean llamados en orden de importancia por causa del gran interés que le han puesto a dicho llamado. Para poder vencer al enemigo primeramente hay que conocer cierta información que nos ayude a descubrir su modus operandi, se ha preguntado alguna vez que es guerra espiritual, como opera el enemigo, cuales son sus armas, tamaño, composición, arsenal, y por nuestra parte, con que contamos; cuales son nuestras armas, como estamos protegidos, como se activan, donde estamos es decir nuestra posición. En realidad, son muchas interrogantes y nos llevan al momento de reflexión y llegar a la conclusión que verdaderamente necesitamos un equipamiento integral para poder salir al campo de batalla.

La palestra del Guerrero espiritual contiene en detalle todos los procedimientos que amerita y debe complementar un creyente nacido de nuevo para ser capacitado en el arte de la guerra, es decir llegar a la plena convicción que de nuestra habilidad puesta en practica le resta terreno al enemigo y conoceremos como cerrar toda avenida de aproximación que pueda utilizar en nuestra contra.

Veremos como llevar a cabo los diferentes entrenamientos que incluyen profundamente como manejar nuestras emociones, como trabajar con el resentimiento, como cambiar nuestra manera de hablar para tener autoridad al momento de hacer un decreto jurídico, no pelear con grandes espíritus, cuando no hemos vencido las cosas triviales de la vida, ser proactivo y no reactivo, eso significa: practicar la guerra antes de tenerla, recuerdo que bien nos decía nuestro comandante en los campos de entrenamiento, "Mas valen mil gotas de sudor en el campo de entrenamiento que rodar una de sangre en el campo de batalla". Y por último es mejor aprender de las experiencias de otros para no vivir las malas experiencias en carne propia.

Dejamos abierto el llamado para el reclutamiento al curso intensivo de entrenamiento en la Palestra del guerrero espiritual, es un desafío para ser lleno de la habilidad de Dios poderoso en batallas, para ser revestido con una armadura también poderosa, para estar mas que preparado ante cualquier conflicto y encuentro fortuito que el enemigo quiera planear, y aprender a levantarse resistiendo firme durante el combate.

Maestro Yeovanni Alvarez
Ex Capitán de Ingenieros Militares de Combate
Caballero Cadete 6174
Centenaria Escuela Politécnica

# LA PALESTRA DEL ENTRENAMIENTO

# Capítulo 1

En el desarrollo de este libro, encontrarás la realidad de saber qué tipo de guerrero espiritual eres, también podrás ver los entrenamientos y qué es lo que se debe hacer antes de ser vestido como un guerrero de Dios.

Es interesante que uno de los apóstoles del Cordero y del Espíritu, aunque realmente la mayoría de ellos no tenían un conocimiento militar; eran personas con cualquier tipo de oficios en los que se desarrollaban como su trabajo habitual, algunos eran pescadores, otros se enfocaban en lo que quizá habían aprendido como un trabajo heredado por su familia, etc. En el caso del Apóstol Pablo, dice la Biblia que él fue perseguidor de la Iglesia, aunque parece ser que era una persona preparada para desarrollarse en la alta sociedad quizá, pero en determinado momento se enfocó en eliminar a los cristianos.

También debe llamarte la atención que en algunas de las epístolas que él escribió, deja escrito acerca de la experiencia militar, sin que hubiera sido entrenado como tal. Pero entonces, cuando él recibe ese conocimiento por medio de revelación de Dios, escribe acerca de Su armadura.

De aquí me surge la inquietud de saber qué fue lo que sucedió en la vida del Apóstol Pablo para poderse inspirar de tal manera y escribir acerca de la armadura que debe usar un guerrero que tiene la seguridad que será vencedor; siendo un punto muy importante, el hecho de olvidar el pasado y enfocarse en el presente para que la mente no esté distraída en acontecimientos pasados para no volver la vista a lo que haya quedado atrás, porque en una batalla no habrá tiempo para eso, en caso contrario, un guerrero que vuelve la vista hacia atrás, puede morir en un instante.

Puedo decir entonces que una de las características del guerrero de Dios, es que debe haber dejado su vida pasada para poderse enfocar en las oportunidades de las victorias que tendrá.

Pero entonces, cuando el Apóstol Pablo describe acerca de lo que constituye el arsenal de Dios, hace una analogía de Su armadura describiendo cada una de las partes que la conforman.

# Analogía

## ¿Qué fue lo que hizo el Apóstol Pablo?

Observa qué significa el término analogía:

Del griego **composión** de 2 palabras:

1. "ana": reiteración o comparación.
2. "logos": estudio.

En el aspecto lógico, permite comparar un objeto con otros, en sus semejanzas y en sus diferencias.

**Puedo decir entonces que analogía significa:**

Comparación o relación entre varias cosas, razones o conceptos; comparar o relacionar dos o más seres u objetos a través de la razón; señalando características generales y particulares comunes que permiten justificar la existencia de una propiedad en uno, a partir de la existencia de dicha propiedad en los otros.

Esto es de suma importancia porque es la manera como el Señor te hará comprender quién es un guerrero de Dios o sea, un guerrero celestial.

La cita que utilizaré como base es la siguiente:

**Efesios 6:12 (AMPLIFICADA)** Porque no luchamos con carne y sangre (contendiendo solamente con oponentes físicos), pero contra los despotismos, contra los poderes, contra (los espíritus que son maestros o expertos) los gobernantes mundiales de esta oscuridad presente, **contra las fuerzas espirituales de maldad en la esfera celestial (sobrenatural).**

En la Biblia de la versión Código Real, dice de la siguiente forma:

**...contra ejércitos espirituales de maldad en dimensiones celestiales.**

Según la versión Amplificada, dice que el mundo espiritual tiene maestros o expertos en leyes, principios y estrategias de guerra, eso es una experiencia que data de milenios de años, de manera que no se debe ir a la guerra solo por impartición y sin entrenamiento; de hecho **Jesús** no envió a Sus discípulos a enfrentar fuerzas espirituales sin haberles enseñado; les enseñó durante 3 años y medio.

El Apóstol Pablo ministró lo escrito en **Efesios 6:12** específicamente a ellos, porque de alguna forma puedo decir que ese pueblo tenía entendimiento militar, pero ahora lo hace de una forma diferente porque es con la revelación de Dios para que pudieran comprender que eran un tipo de guerreros que prevalecían en el lugar, época y en esa cultura.

## Los Guerreros

Cuando hablo de tipos de guerrero, debes saber que en el tiempo que fue escrita la Epístola a los Efesios, existían 3 tipos de guerreros:

➢ Los guerreros gladiadores.

➢ Los guerreros romanos.

➢ Los guerreros dimensionales o celestes.

Cada uno de los guerreros usaba diferente tipo de armadura según su clase; los gladiadores lógicamente usaban armadura de gladiador, los romanos de romanos, etc., de acuerdo a su ideología. Ahora el Apóstol Pablo estaba introduciendo un nuevo tipo de guerrero, entonces debía tener la armadura que le correspondía, la cual era diferente a las 2 anteriores; es entonces cuando hace una analogía diciéndole a los de Éfeso, que usaran la armadura pero no a la manera tradicional como lo veían sus ojos naturales y que lo habían visto por mucho tiempo, sino a la manera espiritual, con la armadura de Dios.

Aunque eso fue en aquel entonces y una instrucción directa a un pueblo específico por lo que ellos eran o por el conocimiento de lo que tenían; eso mismo es la instrucción para la Iglesia de Cristo en este tiempo, por eso es necesario que asimiles esta enseñanza y que puedas vestirte entonces con la armadura de Dios porque eres un guerrero dimensional o celestial.

## Los Guerreros Gladiadores

Los combates de los gladiadores no solamente eran un juego en lo que se conoce históricamente como el circo romano, sino que, era parte del culto al dios Saturno, el dios de la agricultura y la cosecha en la mitología romana; lo que ellos creían era que mientras peleaban, recibían la influencia de Saturno como gladiadores.

Este dios fue identificado en la antigüedad como el Titán Griego Cronos, entremezclándose con frecuencia en los mitos de ambas culturas, o sea, griego y romana.

Un gladiador era una persona con características de prisionero, malhechos, condenado para morir en una prisión, razón por la cual lo entrenaban para que fuera combatiente y saliera a la arena a pelear con quien fuera, incluso con fieras; por consiguiente se les consideraba gente que eran capaces de asesinar sin remordimiento alguno. Otra característica de ese nombre es que viene del término latín **GLADUS** o **ESPADA**. Otro punto es que había diferentes tipos de gladiadores, dependiendo de la armadura que poseían.

## Diferentes Clases de Gladiadores

**SAMNITAS**

Este tipo de gladiador se caracterizaba por poseer su armadura de la siguiente forma:

- Escudo oblongo grande.
- Casco con visera.
- Cresta y cimera de plumas.
- Greba metálica en la pierna izquierda.
- Brazal de cuero o metal (cubría en parte el hombro en el brazo derecho).
- Espada corta o gladius.

Esta vestimenta simbolizaba precisamente esa conexión que ya mencioné, con su dios Saturno, se convertían en un receptor de la influencia que ejercía sobre las personas que llevaban ese tipo de armadura.

## MIRMILLONES

Otro tipo de gladiador con diferentes características:

1. Casco de bordes amplios con una alta cresta (les daba aspecto de pez).
2. Pollera corta.
3. Cinturón ancho.
4. Armadura (en su pierna izquierda y en su brazo derecho).
5. Escudo rectangular curvado del legionario romano.
6. Espada gladius.

## TRACIOS

El tercero tenía otro tipo de armadura, aunque parecido a los otros 2, tenía características diferentes:

1. Escudo rectangular pequeño también llamado parmula.
2. Espada muy corta con hoja ligeramente curva también llamada sica.
3. Armadura en ambas piernas, necesarias dado lo reducido de su escudo.
4. Protector para el hombro y brazo de la espada.

5. Pollera corta con cinturón ancho.
6. Casco con pluma lateral, visor y cresta alta.

Estos 3 tipos de gladiadores tenían esas características en términos generales; todos los gladiadores eran criminales, esclavos, prisioneros, eran gente mala que salía a la arena para destruir o matar porque en la batalla sobrevivía solamente uno de los dos; esa muerte era precisamente el culto para Saturno.

## Los Guerreros Romanos

Debes saber que los romanos, fue un imperio que dominó el mundo desde la parte occidental de Europa, por 1000 años aproximadamente.

## CARACTERÍSTICAS DEL EJÉRCITO ROMANO

1. A los soldados romanos les enseñaban que eran descendientes del dios **MARTE**.

2. Los entrenaban en la ideología que era hijos del dios **MARTE**.

3. El dios **MARTE** en la mitología romana era el dios de la guerra.

**4.** Los romanos eran un ejército muy supersticioso; creían que cuando salían a la batalla, era bajo la influencia del dios **MARTE**.

Ahora puedes ver 2 tipos de guerreros con diferente influencia: los gladiadores con el dios **SATURNO** y los romanos con el dios **MARTE**, en ambos casos con la ideología que eran descendientes de su dios.

**5.** Al salir a la guerra consideraban la posición del planeta **MARTE**.

**6.** Creían que según la posición de **MARTE** ganarían o perderían la batalla, por eso consideraban mucho su posición.

**7.** Los entrenaban con la mentalidad de nunca rendirse porque no había forma de perder, considerando cuál era su descendencia.

**8.** Como hijos de **MARTE** tenían la mentalidad de poder sobre los demás para no ser derrotados.

**9.** La doctrina que recibían los romanos era tan fuerte que, lograban grabar en sus mentes el propósito de victoria sin importar lo que pudiera costarles, lo cual había hecho que se posicionaran como el imperio dominante en el mundo por muchos años.

Sin embargo, lo que el Apóstol Pablo está diciéndole a los efesios es que, la armadura de Dios los transportaría dimensionalmente al punto en que pasarían a ser mejores que cualquier guerrero porque al llevar Su armadura, tendrían la influencia del verdadero y único Dios Todopoderoso. Por eso, hoy sin importar qué guerrero de las tinieblas pueda levantarse en contra tuya, tu Dios es Jehová de los ejércitos quien nunca ha perdido una sola batalla sin importar qué enemigo pretenda enfrentarse contra El, por eso tú, siendo Su hijo, al tener esa armadura descrita en la Biblia, igualmente tendrás Su influencia pero con la diferencia que serás más que vencedor en cualquier batalla porque El ya venció por ti.

Por eso, cuando dice la Biblia que tu lucha no es contra carne ni sangre solamente, sino contra potestades, gobernadores, huestes de los lugares celestiales; está diciendo que las luchas que libras en la dimensión natural, tienen una participación en el plano celestial, porque ese es el principio bíblico cuando dice que todo lo que ates en la Tierra, será atado en los cielos y todo lo que desates en la Tierra, será desatado en los cielos.

Entonces por la influencia que alcanzas de parte del Dios verdadero, tienes participación en las dimensiones celestiales, por consiguiente, no ha existido un guerrero que tenga tu nivel, obviamente después de Dios en Su calidad de guerrero.

Ahora lo que necesitas conocer es la preparación de lo que significa llegar a ser todo un guerrero celestial a voluntad de Dios, para lo cual debes hacer la respectiva analogía.

## La Analogía de La Armadura de Dios

El Apóstol Pablo, al ser prisionero romano, descubre la mentalidad de lo que significa ser un soldado romano y entonces escribe la Epístola, pero si bien es cierto que tuvo un punto de partida, no fue por otra cosa sino porque le sirvió como un medio de revelación de parte de Dios a su vida.

- No es que él fuera idolatra y creyera en el dios MARTE.

- Si no que introduce un nuevo guerrero que viene de un Dios verdadero y que tú eres Su hijo verdadero, Su nombre, **JEHOVA DE LOS EJÉRCITOS**.

- Eso significa que tienes una mejor armadura que los GLADIADORES y el soldado ROMANO.

## ¿Dónde nace la analogía de La armadura de Dios?

De las 14 epístolas que escribió el Apóstol Pablo, (incluyendo Hebreos, aunque no lo dice literal), 4 fueron escritas siendo prisionero en Roma entre los años 60 al 68 después de Cristo. ¿Cuáles son esas epístolas?, observa:

- **Efesios**
  Algunos teólogos consideran esta epístola como la obra maestra del Apóstol Pablo por ser donde hay más revelación y donde más se mencionan los lugares celestiales.

  La región donde habitaban los efesios, tenían una cultura mística, existían potestades a las que les rendían culto, unas de una forma más fuerte que a otras, un ejemplo lo puedes ver con el culto que le rendían a la diosa Diana.

- **Filipenses**

Esta epístola también la escribe el Apóstol Pablo estando en la cárcel.

- **Colosenses**
  Aquí es donde el Apóstol Pablo deja ver lo que él conocía de las culturas de conquista en aquellos días.

- **Filemón**
  Aquí le cambia la mentalidad de esclavo a Onésimo para enviárselo a Filemón.

## La Analogía del Soldado Romano

**Efesios 6:11 (BLS) Protéjanse con la armadura que Dios les ha dado**, y así podrán resistir los ataques del diablo.

¿Sabes por qué a veces los ataques del diablo son irresistibles?, la respuesta es muy sencilla, porque hay cristianos que no están protegidos con la armadura de Dios. Uno de los grandes problemas por lo que muchos cristianos enfrentan crisis espirituales, es porque no han considerado el hecho de estar debidamente vestidos con la armadura descrita en la Epístola a los Efesios.

La Biblia versión Amplificada dice que las potestades con las que te llegarás a enfrentar en algún momento de tu vida, son maestros y expertos en batallas, eso significa que la base de tu éxito en batalla no será que seas un maestro o experto en batallas; claro que puedes crecer bajo esa perspectiva de guerra espiritual, pero la base de tu éxito estará en que estés vestido adecuadamente con la armadura de Dios para estar debidamente protegido.

En otra versión de la Biblia dice de la siguiente forma:

**Efesios 6:11 (LBA) Revestíos** con toda la armadura de Dios para que podáis estar firmes contra las insidias del diablo.

La palabra **REVESTIRSE**, en el idioma griego clásico, significa **ponértela sobre ti mismo, hacerlo por ti mismo**, porque Dios no te la pondrá, El te la proveyó pero no le impone nada a ninguno, la deja disponible para que la uses de inmediato si deseas o la necesitas porque a partir de ese momento, podrás resistir al diablo y saldrás victorioso, porque si algo no tolera Satanás es la resistencia del creyente porque lo limita en tiempo.

La resistencia de un hombre y una mujer de Dios, es un poder que nada lo sustituye, eso incluye la inteligencia, capacidades, etc. El único requisito para poder resistir al diablo es poniéndote la armadura de Dios.

## La Palestra Del Entrenamiento

Si estás vestido adecuadamente con la armadura de Dios, puedes resistir cualquier tormenta o tribulación espiritual que el enemigo haya enviado en contra tuya, ¿por qué?, porque tienes algo que te llena de seguridad en saber que Dios está contigo y que nunca te dejar, solamente debes caminar rectamente delante de El lo cual incluye que le obedezcas por amor no por imposición.

**...toda la armadura...** esta es la segunda parte del versículo anterior, lo cual deja la idea de ponerse todas las piezas de la armadura de Dios, no solamente las que te puedan gustar, sino todas porque eso es estratégico y responsable.

**1.** También significa asegurarte bien las partes más pesadas porque son las que mejor te protegerán.

**2.** La razón de eso era porque muchos soldados romanos, por el peso de algunas partes, las dejaban un poco sueltas con el propósito de removerlas rápido en caso de ya no poderlas llevar.

Lo que el Apóstol Pablo deja ver implícitamente es que todas las partes de la armadura de Dios, deban estar sujetas apropiadamente a tu cuerpo para que, sin importar lo fuerte que pueda ser el golpe, no se caigan ni sean removidas, sino que se mantengan en tu cuerpo sosteniendo y protegiendo las partes más vulnerables de tu vida.

Aunque como ya lo mencioné, esto no es una imposición de Dios, menos aun mía; debes estar claro en que el tiempo final sigue avanzando y que no hay más tiempo para perderlo deliberadamente, no puedes detenerte a pensar si vas a ponerte la armadura de Dios o no; ¿eres cristiano?, aprovecha la bendición que Dios te está otorgando para ponerte Su armadura.

**...insidias del diablo...** lo que el Apóstol Pablo está diciendo es que al tener debidamente ceñida la armadura de Dios, puedas estar firme contra las insidias del diablo. La palabra insidias, viene de la raíz griega **METHODEIA**, la cual significa:

1. **Metodología, Modus Operandi**, esto significa que los planes de ataque de Satanás, quedan al descubierto cuando tienes la armadura de Dios, la cual cubre las partes que Satanás considera son más vulnerables para debilitarte y que dejes la carrera como cristiano.

   Entonces cuando el enemigo ve que tienes protegida la mente con el yelmo de la salvación, el diablo queda desarmado de poder atacar lo que puede ser considerado como el centro de mando, porque las batallas por lo general, siempre empiezan en la mente.

2. Conocer por dónde vas.

3. Conocer por dónde Satanás puede entrar.

## Las Primeras Instrucciones Del Guerrero

Una de las primeras cosas que les dijo el Apóstol Pablo a los efesios, fue lo siguiente:

**Efesios 6:10 (LBA)** Por lo demás, **fortaleceos** en el Señor y en el **poder** de su **fuerza**.

Observa qué es lo que significan las palabras que resaltan en el versículo anterior:

- **Fortaleceos en el Señor**: G1743 endunamóo.

Significa: hacerte fuerte, es decir la fuerza está ahí, pero tienes que hacer que venga a ti. Tienes que tomar lo que Dios ya te ha ofrecido porque si El te está diciendo que lo tomes, es porque tiene un trasfondo muy importante para tu vida, considerando que todo obra a bien a los que aman a Dios.

- **En el poder**: G2904 krátos.

Significa: demostrar el poder, no necesariamente poder de músculos o habilidad física, sino un poder demostrativo, es decir demostrar que el poder funciona.

- **De su fuerza**: G2479 ischus.

Significa: fuerza y habilidad, es decir que tienes a través del Señor la capacidad de Su poder, capacidad para ganar cualquier batalla que estés experimentando, significa que en vez de que el diablo te ponga límites, tú se los pones a él, por ejemplo: que no toque tu vida ni la de tu familia, tu casa etc. Recuerda que no son armas carnales, sino espirituales eso es ISCHUS.

## La Palestra

Esto es lo que significa en esencia del tema central de este libro:

En los días del poderío romano, **LA PALESTRA**, era el nombre con el que se identificaba el lugar donde se hacían los **GUERREROS**, dicho en otras palabras, era el lugar de entrenamiento.

## La Palestra Del Entrenamiento

Entonces, para poder estar preparados y usar la armadura, había que ir a la palestra.

De aquí entonces empezarás a comprender qué clase de guerrero eres en comparación al gladiador y el soldado romano; para saber qué cosas debes hacer antes de ponerte la armadura y que entonces puedas llegar a la culminación del entrenamiento que; en comparación a lo que hacían en la antigüedad, era el hecho de poderse vestir como el dios del cual esperaban su influencia pero esa influencia era porque había una conexión directa en su calidad de hijos del sol al que idolatraban, aunque su trasfondo realmente es que detrás de ese dios, había una potestad de las tinieblas.

Las escuelas de lucha eran llamadas **PALESTRA**.

- **Del Griego: Palaistra** = lugar donde se lucha o escuela de lucha.

- **Del Latín: Palestra** = donde se libran batallas o entrenamientos.

Su origen entonces era de escuelas de lucha. La palestra, por lo tanto, era el espacio donde se enseñaba a luchar y se realizaban combates; incluso lo que era su núcleo central, se llenaba de agua con el claro objetivo de que su entrenamiento fuera muy completo.

Puedo decir entonces que todas las batallas por las que has tenido que atravesar, es porque has estado en medio de una palestra donde te han enseñado a tener las victorias que serán definitivas en tu vida, porque escrito está: **todo obra a bien, a los que aman al Señor**. Por eso no le busques despropósitos a lo que puedas estar padeciendo, si estás tomado de la mano de Dios; sencillamente estás en el entrenamiento de la palestra.

En la palestra había un lugar que llenaban de agua; ponían al que estaba siendo preparado como un guerrero, originalmente entraba con ropa porque en el agua hay que tener mayor fuerza y destreza que en la tierra para poderse mover y la ropa mojada les hacía contrapeso. En el agua se puede lograr esa destreza pero es necesario el entrenamiento y ejercicio para que al final, estando en una batalla sobre la tierra, no haya nada que detenga al que estuvo en pleno entrenamiento.

Claro que el entrenamiento no era solamente en el agua, sino que, al que había resistido bajo el agua, lo llevaban a un campo mojado, era de barro mojado que quedaba resbaladizo donde era difícil mantenerse en pie, esto servía para desarrollar la resistencia contra su enemigo y que no los botara fácilmente sin importar el terreno que estuvieran pisando.

Dicho en otras palabras, se cumplirá lo dicho por el Profeta Isaías:

**Isaías 43:2 (LBA)** Cuando pases por las aguas, yo *estaré* contigo, y si por los ríos, no te anegarán; cuando pases por el fuego, no te quemarás, ni la llama te abrasará.

**Salmos 91:13 (LBA)** Sobre el león y la cobra pisarás; hollarás al cachorro de león y a la serpiente.

Cuando creas que tienes problemas sobre problemas, recuerda que para llegar a ser un guerrero de Dios, debes haber sido debidamente entrenado en la palestra divina donde estás recibiendo el entrenamiento necesario; solamente sujétate fuerte la mano de Dios para no dar marcha atrás y sigue adelante en el nombre de Jesús.

**LA PALESTRA ORIGINALMENTE**

- Era con ropa.

- Después del entrenamiento en el agua, salían, los desvestían y eran bañados en aceite para hacer al contrincante resbaladizo y se desarrollara la capacidad de lucha cuerpo a cuerpo.

- Además de ser bañados en aceite, la tierra estaba mojada para hacer el terreno difícil de mantenerse de pie y así se desarrollaba capacidad de equilibrio (esto ya lo mencioné pero lo quiero dejar enlistado de lo que era la palestra).

- En este entrenamiento, los alumnos adquirían técnicas de lucha, desarrollaban sus habilidades y aprendían todo lo necesario para poder combatir con un rival, pero bajo la perspectiva de salir vencedores, no tenían espacio en su mente para la derrota.

## LA APLICACIÓN ESPIRITUAL

**1.** Dios te sumerge en Su agua, lo cual es Su palabra, lo hace cuando estás vestido, cuando tienes debidamente Su cobertura a través de los 5 ministerios; sumergido en Su agua es donde aprendes el logos, el rhema, la revelación de Su doctrina y escatología, tienes el entendimiento profundo al escuchar Su voz, de tal manera que puedes incluso enseñar a otros con escuchar poco, ampliar mucho bajo la luz que el Espíritu Santo te pueda brindar.

2. Después de ese entrenamiento te cambian de vestidura por la llenura del Espíritu Santo para que al mínimo movimiento, puedas soltarte del diablo. Por eso es necesario que toda tu vida sea trabajada por Dios, con el propósito que el diablo no tenga de dónde tomarte.

3. Además la tierra mojada representa el rocío que desciende del cielo para que puedas ser nutrido constantemente y que no haya vientos de doctrina que puedan moverte y puedas desarrollar capacidad de equilibrio en el Señor.

4. Debes saber entonces que si eres hijo de Dios, no puedes dejar espacio para un pensamiento de derrota porque tu Padre y Dios nunca ha perdido una sola batalla y a través de Su hijo, te ha hecho más que vencedor en Cristo Jesús.

## La Técnica del Guerrero

Básicamente lo que esto implica es remover o despojarse de todo aquello de donde el diablo podría apoyarse para derribarte en cualquier momento en que estés librando una batalla. Una vez que te has despojado de todo punto de apoyo del diablo; Dios derrama sobre ti una unción nueva y fresca con el poder del Espíritu Santo, la cual hará que, lejos de encontrar el diablo de dónde sujetarse en tu vida para tenerte atrapado, verá la resistencia que pones ante él y eso lo hará huir de ti. Es como una sinergia que existe entre el despojo y la unción; eso te convierte en un guerrero celestial resbaladizo para Satanás.

Cuando te despojas del viejo hombre, de todo aquello que el diablo te puso con engaños; automáticamente estás anulando todo derecho jurídico que el diablo pretendió tener sobre tu vida y con la cual solicitaba delante de Dios, una intervención de parte de las tinieblas sobre ti. Entones despojarse significa arrebatarle los derechos que Satanás dice tener para lanzar sus ataques.

Según la cultura del soldado, si era herido en combate peleando cuerpo a cuerpo pero sobrevivía; ponían en práctica una especie de ajuste al entrenamiento original, no era desechado, pasaba al siguiente proceso:

- Era ingresado a la **PALESTRA** de nuevo para ser **REENTRENADO** en orden de ser fortalecido y capacitado para la siguiente batalla porque no había términos medios; se ganaba o morían.

- El **REENTRENAMIENTO** lo hacían para eliminar toda **DEBILIDAD** y que no volviera a caer porque si eran hijos de un dios guerrero, tenían que ser como su dios.

- El hombre que se levantaba después, era aún más fuerte que después de haber peleado.

Si consideras a Daniel con relación a los entendidos, observa entonces lo que dice este versículo:

**Daniel 11:35** También algunos de los entendidos caerán, a fin de ser refinados, purificados y emblanquecidos hasta el tiempo del fin; porque aún está por venir el tiempo señalado.

Es maravilloso saber la forma en que Dios actúa en tu vida, porque si en determinado momento el diablo te gana la batalla; El no te desecha sino que, eres reentrenado para que te ejercites y fortalezcas el área por donde el enemigo encontró una debilidad para derrotarte.

## Los Entrenamientos

Cuando hablo de entrenamiento o reentrenamiento, por supuesto que es espiritual, pero el hecho que tenga un efecto espiritual, no significa que no lleve un punto práctico también, porque es necesario que tengas un cambio de forma de vida con el propósito que, si tienes actitudes que le desagradan a Dios, las abandones por completo; eso puedo decir que es la parte práctica, lo cual te abrirá la puerta a que puedas agradar el corazón de Dios y que Su armadura la lleves entonces debidamente ajustada en tu vida, lo cual es entonces la parte espiritual con repercusiones naturales y viceversa; eso te dará la oportunidad de ser totalmente ungido por Dios para que al final del entrenamiento, alcances el privilegio de ser revestido de Su armadura.

Tristemente hay muchos cristianos que tienen una armadura guardada desde hace muchos años sin quererla usar, aunque están en batallas, prefieren seguir así bajo preceptos humanos, pero no despojarse del viejo hombre para poder tener la armadura de Dios.

Muchos están vivos porque Dios es bueno, El es misericordioso y los ha ayudado para que su vida no termine en las manos de Satanás; pero hoy es el día para que toda esa parte de la Iglesia de Cristo que sigue en constantes batallas, reconozcan que es necesario tener un cambio de vida radical y empezar a caminar en la voluntad de Dios, buscar todo lo que El desea que cada uno tenga, completar el entrenamiento para entonces recibir Su armadura, la cual es mejor que la armadura del soldado romano y de un gladiador.

## ¿DE QUÉ DESPOJARSE?

**Efesios 4:26**

- ✓ **(NT Peshitta-ES) ENÓJENSE, PERO NO PEQUEN**; no se ponga el sol sobre su enojo…

- ✓ **(NTV) Además, no pequen al dejar que el enojo los controle**. No permitan que el sol se ponga mientras siguen enojados…

- ✓ **(LBD) Si se enojan ustedes, no cometan el pecado de dar lugar al resentimiento**. ¡Jamás se ponga el sol sobre su enojo! Dejen pronto el enojo…

- ✓ **(BAF)** Aunque alguna vez tengáis que enojaros, **no permitáis que vuestro enojo se convierta en pecado**, ni que os dure más allá de la puesta del sol.

Cuando alguien pierde el control de su vida por causa de lo que está escrito, un enojo quizá que trasciende de día tras día; por muy bien entrenado que sea, pasarás por alto el principio del entrenamiento y eso te hará hacer cosas que van más allá de ese entrenamiento que te garantiza salir victorioso; cuando se pierde el control, se pierde la capacidad y habilidad para vencer.

Entonces la primera respuesta a la pregunta formulada respecto de qué despojarse, es:

## 1.- NO GUARDES RESENTIMIENTO

El resentimiento te puede dañar al punto de llevar amargura a tu alma. Existe un dicho popular que dice: de los arrepentidos se sirve Dios y de los resentidos se sirve el diablo. Por eso debes tener la capacidad para no recordar el daño que alguien te haya hecho, sea esto justo o injusto; porque alguien puede decirte que recibiste un daño porque te lo merecías por lo que hiciste; pero también puede ser que recibiste un daño cuando no hiciste nada malo, lo cual es una injusticia, un desprecio o rechazo.

Si eres capaz de superar todo resentimiento, nadie te detendrá a perder el tiempo a lamentarte nada; si alguien te menosprecia, te rechaza, te critica, etc., pídele a Dios la fuerza para no permitirle al enemigo que nada negativo se vaya anidar en tu alma y corazón. Piensa por un momento en que si a Jesús, siendo el Hijo de Dios, hasta Sus discípulos lo dejaron solo; ¿qué podría esperar un cristiano con fallas ineludibles?, pero el Señor dejó marcado el camino para que andes por él y que no te desvíes a derecha ni a izquierda, sino que tu corazón siempre esté dispuesto a complacer a Dios y hacerlo por amor.

El resentimiento entonces, es de donde Satanás puede sujetar tu vida para no dejarte avanzar y provocará los escenarios por donde vendrá una medida más de resentimiento para así provocar una raíz profunda en tu alma y que al pasar del tiempo, tenga la logística diabólica que estar funcionando en silencio pero cubriendo cada vez más tu vida de tal manera que en algún momento te pueda controlar por completo.

Otro punto por el que debes cuidarte de no caer en el resentimiento es porque te lleva a victimizarte con lo cual estás permitiendo que el diablo te domine y caigas en su juego, al punto que cuando alguien te haga un daño, pienses que te lo mereces, lo cual es falso. Los dardos del enemigo son para destruir tu vida, que bajes toda protección, que bajes el escudo de la fe y sin fe entonces, no solamente estás desagradando a Dios, sino que caminas sin una dirección espiritual dirigida por el Espíritu Santo.

Para un guerrero, no debe existir el espacio en su vida para el resentimiento y si llega, no debe permitirse que avance; comprendo que es casi imposible pero el hecho de dejar que el sol se ponga sobre el enojo, es darle lugar a que ese enojo le nazca un hijo llamado ira, este a su vez le nace un hijo llamado violencia; esto lleva a que nazca entonces un iracundo. En conclusión, puedo decir que la fórmula satánica es la siguiente: enojo + resentimiento + ira + violencia = iracundo.

Por eso debes escudriñarte constantemente para que a la mínima señal de resentimiento, sea desarraigado en el nombre de Jesús porque si el enemigo te sujeta por ahí, te derrotará, invadirá tu mente, amargará tu alma y eso se convertirá en un peso que te llevará a pecar; por eso dice la Biblia lo siguiente:

**Hebreos 12:1 (LBA)** ...despojémonos también de todo **peso y del pecado** que tan fácilmente nos envuelve...

¿Por qué tiene facilidad para envolver o engañar? Porque primero trabajó en la mente y el alma para que de esa forma, con el peso necesario, te lleve al pecado. Insisto entonces, todo resentimiento debe ser echado fuera de tu vida para que no sea un agarrador disponible para Satanás.

## 2.- CAMBIA LA FORMA DE HABLAR

**Efesios 4:29**

- ✓ **(AF) No uséis palabras groseras**; sea el vuestro un lenguaje útil, constructivo y oportuno, capaz de hacer el bien a los que os escuchan.

- ✓ **(LBD) Nunca empleen lenguaje sucio.** Hablen sólo de lo que sea bueno, edificante y de bendición para sus interlocutores.

- ✓ **(BC4) No salga de vuestra boca palabra alguna dañada**, sino la que sea buena para la oportuna edificación, para que comunique gracia a los que la oyen.

- ✓ **(BTA 2003) De vuestra boca no salga ningún discurso malo**; sino los que sean buenos para edificación de la fe, que den gracia o inspiren piedad a los oyentes.

El que tenga el privilegio de ser morada del Espíritu Santo, debe entregarle el dominio de todo su ser para que se El quien lo dirija, consecuentemente cuando proceda en cualquier situación, será El quien dirá lo que debe hacer o decir y esa será la manifestación de su vida.

Por eso, aunque estés en medio de una liberación, no debes hablar palabras soeces porque eso mismo puede usar Satanás para derribarte en plena batalla; habla con autoridad los decretos de Dios para hacer retroceder todo demonio que esté estorbando una vida y en el nombre de Jesús vencerás.

Si hay algo que un guerrero debe cuidar, es el grito de guerra. En la antigüedad, cuando los guerreros iban para enfrentarse a su rival en batalla, tanto el gladiador como el soldado romano; caminaban declarando el nombre de su dios. Hoy, sabiendo que constantemente estás en batalla, igual debes tener comunión con el único y verdadero Dios y que de tu boca salgan alabanza, adoración para El y confesar Sus promesas, declarar las profecías que están escritas en la Biblia creyendo que Su palabra se cumple.

También tendrás solvencia cuando llegue el momento en que ates al diablo y lo hagas retroceder, cuando rompas las maldiciones porque la guerra espiritual en su máximo porcentaje, está basada en el decreto del hombre y la mujer que los declara diciendo que es hijo o hija de Dios y que tiene Su armadura.

Por eso está escrito:

**Efesios 4:29 (LBA) No salga de vuestra boca ninguna palabra mala (corrompida)**, sino sólo la que sea buena para edificación, según la necesidad *del momento*, para que imparta gracia a los que escuchan.

## PALABRA MALA
## LOGOS SAPROS H4550
Podrido, corrompido, que no vale nada (literalmente o moralmente): corromper, malo.

Obviamente que si existe esta advertencia, es porque el diablo sabe que puede utilizar ese recurso en contra tuya con el propósito de debilitarte, quitando poder y cambiando de dirección a la intercesión, aunque haya palabras de intercesión, no tendrán el efecto que deberían porque son desviada a consecuencia de haber fallado en un vocabulario inadecuado en tu vida.

Eso es como decir que tienes una espada de guerrero, pero no fue fundida en acero, sino en estaño; por más grande que pueda ser, nunca cumplirá su propósito porque su material es débil. Lo mismo es una intercesión, puede estar bien articulada con las palabras de guerra puntuales para ese momento, pero a consecuencia de una contaminación interna que se manifiesta en la pronunciación de palabras soeces quizá; la intercesión es desviada, debilitada y nula.

Por eso es importantísimo el hecho que si eres templo del Espíritu Santo, debes tener homogeneidad en todo tu ser con Dios, me refiero a que seas como El es, ¿cómo es Dios? Santo, no hay mucho que decir si en una palabra se resume todo, además escrito está:

**1 Pedro 1:16 (LBA)** ...porque escrito está: SED SANTOS, PORQUE YO SOY SANTO.

Cuando alcanzas a tener las palabras vivas de Dios en tu corazón, en el momento en que hablas, El te respaldará porque no serás tú el que esté hablando, serás un vaso de honra en las manos de Dios, pero entonces, como es El en ti, lo que hables, eso se cumplirá; donde haya maldición, la podrás romper y decretarás bendición en el nombre de Jesús porque las bendiciones secan las maldiciones y donde hay bendición de Dios, por más maldición que el enemigo lance, se secará antes de llegar porque no existe diablo que soporte el poder de Dios.

Cuida tu vida en que no haya profanación, considerando lo siguiente:

**Se llama profanación al uso irresponsable o irrespetuoso de PALABRAS**, sea esto de cosas, objetos, edificios, instituciones o incluso personas a las cuales se considera como consagradas (valiosísimas). Considera que si eres de Dios, debes ser homogéneo con El porque los que son de Satanás, son homogéneos con él.

Si alguien murmura o critica, no tendrá el respaldo o solvencia de Dios para decretar en pos de batallar en contra de las tinieblas; porque cuando se hace, automáticamente está saboteando el decreto y es por ahí de donde el diablo se vale para agarrarse, de tal manera que aunque se le reprenda, esa reprensión está vacía, no tiene el poder de Dios y Satanás asesora a sus demonios diciéndoles que sigan actuando sin preocupación alguna porque el murmurador no tiene solvencia para batallar; es como decir que alguien está utilizando un revolver con balas de algodón; nunca causará daño alguno por más ruido que pueda causar el revolver.

Por eso la Biblia deja ver claramente lo siguiente:

**Colosenses 4:6 (R60)** Sea vuestra palabra siempre con gracia, sazonada con sal, para que sepáis cómo debéis responder a cada uno.

Si eres homogéneo con Dios, serás como El es: santo y vivirás de esa manera, recuerda esto también:

**Santiago 3:11 (R60)** ¿Acaso alguna fuente echa por una misma abertura agua dulce y amarga?

Aun ni en lo natural puedes ver que una salida de agua cristalina, potable y saludable, pueda ser usada para que también salga otra clase de agua.

## Logos Sapros Afecta La Capacidad Verbal

Científicamente, los lingüistas han descubierto que las palabras soeces o groserías, provienen de una zona del cerebro completamente diferente de cualquier otra forma de comunicación oral. Las investigaciones demuestran que los niños comienzan a pronunciarlas cuando cumplen 6 años, incluso antes.

Con esto puedo preguntarme entonces, ¿qué será lo que recibe en cerebro cuando escucha palabras inadecuadas?, más aun, ¿qué será lo que el mundo espiritual percibe cuando alguien habla palabras soeces?, aunque también puede ser que alguien tenga un léxico demasiado amplio, sea tan letrado que pueda ofender a otra persona con palabras muy escogidas o refinadas, pero al final su significado o la intención es la misma; porque cuando alguien murmura o critica, no significa que lo haga con simple vulgaridad, puede hacerlo solapadamente, pero su trasfondo es el mismo.

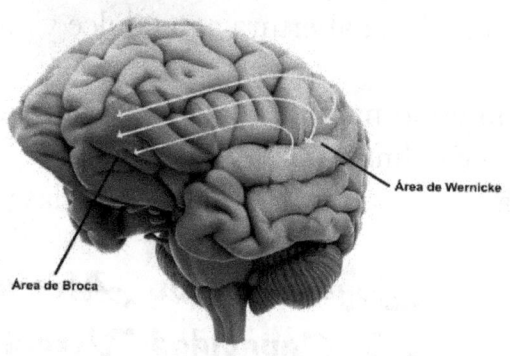

Es interesante que el lenguaje normal o formal, se encuentra en el cerebro en áreas llamas: **ÁREA DE BROCA Y ÁREA DE WERNICKE**, una en la parte frontal y la otra en la parte trasera.

- Para el cerebro, las palabras soeces ni siquiera son palabras, sino grumos o coágulos de emoción.

- De hecho no están almacenadas donde se halla el resto del lenguaje, sino que se encuentran en otra área completamente distinta.

Cuando Dios hizo al hombre y sopló aliento de vida en su nariz, le estaba programando la forma de comunicación con El; Adán podía hablar con Dios porque tenía la misma forma de lenguaje; por eso fue delegado para que nombrara los animales de la Tierra en general, el hombre tenía la capacidad verbal de parte de Dios y si El lo había delegado, sencillamente tenía el poder para hacerlo.

De aquí puedo decir entonces que esto es a lo que se refiere la Biblia cuando habla del lenguaje angelical, por eso cuando hablas lenguas del espíritu, estás hablando misterios, estás hablando en una sintonía de lenguaje que Satanás no comprende porque él no es homogéneo con Dios, mientras que el hombre tiene esa capacidad la cual debe cuidar para que el diablo no tenga de donde agarrarse para derribarte.

Si guardas tus palabras a manera de estar en el lenguaje que Dios habla, Satanás le dirá a sus ayudas, que deben temer cuando hablas porque puedes hacer llover fuego sobre ellos, puedes decretar, atar y desatar en el nombre de Jesús y lo que digas se cumplirá porque hablas como lo hace Dios, has guardado esa homogeneidad; no estoy diciendo que seas igual a Dios o que seas dios; me refiero a que hay un nivel de comunicación divina donde Dios sabe lo que estás diciéndole o sabe lo que estás haciendo en Su nombre y es así como El te respalda con lo que haces y dices.

Entonces, cuando el cerebro no encuentra las palabras soeces en las áreas que describí, las busca en el sistema límbico del cerebro, un complejo sistema de redes neurológicas que controla y dirige las emociones.

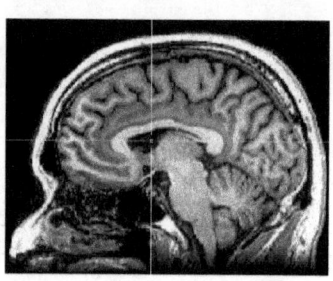

En el lenguaje límbico se pierde el orden gramatical, el entendimiento verbal y es entonces cuando tiene lugar un gruñido y no una palabra normal; al final, según estudios realizados, lo que ese tipo de palabras soeces provocan en una persona, es que entre en un estado como el que provoca la mariguana cuando alguien la fuma. Dicho en otras palabras, aquellas personas que abundan en un lenguaje soez, viven como si estuvieran todo el tiempo drogados, consecuentemente no tienen la capacidad para poseer el poder de Dios.

Por eso debes cuidarte aun de palabras negativas; no pronuncias palabras dudando del poder de Dios para resolver algún problema en tu vida, sea eso el hecho de sanarte, de levantarte de un estado financiero calamitoso, problemas familiares, etc., no pongas en duda el poder de Dios porque eso va en contra de El, peor aun, debilita aquello en lo que estás llamado a realizar en el nombre de Jesús. Recuerda que escrito está: **...todo lo puedo en Cristo que me fortalece.**

**Respecto a un vocabulario soez, científicamente se ha comprobado lo siguiente:**

- Limita la habilidad y capacidad verbal del predicador.

- El cerebro se limita, se pone lento buscando otra palabra más sana y al no encontrarla se limita la creatividad.

- Es como que el cerebro estuviera afectado por alguna droga que le hace procesar de manera lenta la información.

- Busca y al no encontrar la palabra adecuada es cuando se siente profanada la capacidad verbal.

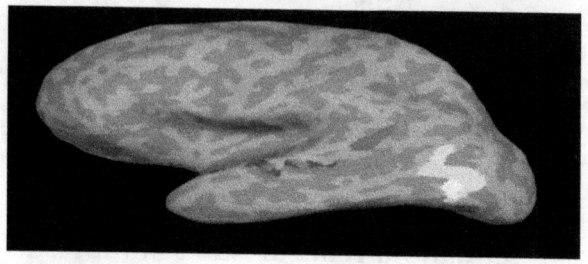

El cerebro tiene partes seccionadas que, para ejemplificarlas de una forma didáctica, podría decir que es como una bodega donde se guardan artículos básicos en un área, artículos secundarios en otra área, etc., de tal manera que el área de artículos básicos son la zonas del vocabulario o capacidad verbal donde el cerebro busca la palabra negativa al escucharla y al no encontrarla se pone lento, limitando así el habla porque los sensores neutrales son bloqueados. Sería como una especie de cambio forzado porque es contra naturaleza.

## CAPACIDAD VERBAL

La limitación verbal por el lenguaje obsceno, es considerado igual que la disfasia (afectadas por una pérdida o trastorno del habla) generalmente, presentan daño en el hemisferio izquierdo y tienen dificultades para hablar.

## LA DISFASIA

Es un trastorno en la adquisición del lenguaje que se manifiesta en una alteración en la expresión y comprensión del lenguaje.

## ¿POR QUÉ SE PRODUCE ESTE TRASTORNO?

En muchos casos es difícil detectar cuáles podrían ser las causas. Sin embargo, en otros se sabe que puede estar relacionado con una lesión cerebral o falta de oxígeno al nacer (figura de profanar el soplo de Dios).

## LIMITACIÓN CREATIVA

Las personas muy groseras han sido calificadas como menos competentes y menos creíbles.

## RESUMEN DE EFECTOS CONTRA LA AUTORIDAD MINISTERIAL

- La capacidad verbal será limitada: como tener limitaciones al hablar.

- La creatividad es bloqueada: deficiente en realizaciones.

- Las lenguas espirituales son afectadas: se tiene problemas para hablar lenguas.

- La imaginación es negativa o prejuiciada: no hay receptor para la revelación.

- La fe viene a ser fingida: la fe verdadera requiere buena imaginación para ver por adelantado lo que Dios revela.

- Las palabras negativas vienen a ser parte del alma: vienen a ser la personalidad de quien las pronuncia con tanta facilidad.

## 3.- TRABAJA CON LAS EMOCIONES NEGATIVAS

**Efesios 4:31**

- ✓ **(NT BAD)** Arrojen de ustedes las amarguras, los enojos y la ira. Las disputas, los insultos y el odio no han de hallar cabida en sus vidas.

- ✓ **(RV1995)** Quítense de vosotros toda amargura, enojo, ira, gritería, maledicencia y toda malicia.

- ✓ **(KADOSH)** Líbrense de toda amargura, arrebato de cólera, ira, imposiciones violentas, calumnias, y todo rencor.

Este es el tiempo de identificar las emociones negativas y trabajar en pos de eliminarlas. La amargura es una de las emociones más complejas para trabajar y poderla eliminar, principalmente cuando es producto de una injusticia porque podría decir, a criterio humano, que la persona tiene razón; sin embargo bajo una perspectiva espiritual no es conveniente, ¿por qué?

**Hebreos 12:15 (LBA)** Mirad bien de que nadie deje de alcanzar la gracia de Dios; de que ninguna raíz de amargura, brotando, cause dificultades y por ella muchos sean contaminados...

La amargura puede convertirse en un obstáculo para alcanzar la gracia de Dios; un regalo tan grande como lo es la gracia de Dios, puede ser bloqueada por una emoción negativa. Es necesario que toda clase de emociones que traigan como producto cosas negativas, sean eliminadas, sean olvidadas por completo, lo cual es diferente a decir que no las recuerdes; si olvidas algo, en lugar de eso llegará otra cosa y eso prevalecerá y no habrá lugar para aquel momento que causó amargura.

Entonces olvida los malos momentos porque incluso, lo negativo en el alma, puede causar enfermedades en el cuerpo; en cambio recuerda todo lo bueno que Dios te haya permitido vivir porque eso te fortalecerá sabiendo que El siempre ha estado contigo, eso ministrará a tu ser la confianza de seguir adelante en el nombre de Jesús.

## 4.- NO PELEES CON GRANDES ESPÍRITUS CUANDO NO HAS VENCIDO LAS COSAS PEQUEÑAS DE TU VIDA.

**Efesios 4:22**

(**LBD**) …arrojen de ustedes su vieja naturaleza tan corrompida y tan llena de malos deseos.

(**AF**) …a renunciar a la antigua conducta, a la vieja condición humana que, seducida por el placer, se encamina hacia la muerte.

(**BTA 2003**) …a desnudaros del hombre viejo, según el cual habéis vivido en vuestra vida pasada, el cual se vicia siguiendo la ilusión de las pasiones.

(**BAD**) Con respecto a la vida que antes llevabais, se os enseñó que debíais quitaros el ropaje de la vieja naturaleza, la cual está corrompida por los deseos engañosos…

(**CST-IBS**) Vosotros echad fuera de vuestra vida esa vieja naturaleza corrompida por los malos deseos.

No provoques espíritus inmundos o demonios, no los llames a batallar si no has vencido los deseos de la carne de la naturaleza pasada lo cual incluye el carácter, malos pensamientos, deseos infructuosos, etc.

Recuerda que Dios es un Dios de orden, de tal manera que cuando estás ordenado en tu vida; tendrás batallas a las cuales El te enviará, pero no empezarás peleando con un principado de las tinieblas, sino que empezarás batallando con una hueste; si ganas esa batalla entonces serás habilitado para batallar contra una autoridad de las tinieblas; el siguiente nivel será la batalla contra un gobernador y si sales vencedor, entonces podrás pelear contra un principado, todo es por niveles.

Pero lo primero que debes dominar son los deseos de la carne, debes aprender a despojarte para tener la armadura de Dios, recibir el ungimiento y así entonces Satanás no tendrá de donde tomarte, por más artimaña que pueda tener, el aceite de la unción impedirá que estés a merced del enemigo en sus manos.

Es interesante que la supervivencia de un árbol de olivo, es aproximadamente de 2 a 3 mil años. Según los estudiosos, dicen que las aves pueden atacar su tronco, incluso podría tener polilla y todo eso podría hacer que tengan incluso deformaciones, pero ha logrado sobrevivir por tanto año sin perder su producto.

Eso lo que significa es que, podrías estar deformado de tanta batalla, pero serán solamente cicatrices que testificarán que eres un hombre o una mujer de guerra espiritual. En las batallas espirituales por las que pasarás algún día, te podrían dejar marcas, heridas que sanarán y terminarán siendo solamente cicatrices pero sanas sin que esté produciendo olor fétido por la amargura; ¿por qué?, porque la unción del Espíritu Santo en tu vida te habrá librado de ser destruido en las manos de Satanás.

Aunque al ojo humano se diga que no saldrás delante de las tormentas en las que puedas estar viviendo; si tienes el aceite de la unción de Dios, de la supervivencia y del poder del Espíritu Santo; por dentro tendrás el poder con el cual Jesús venció en la cruz del calvario y te hizo más que vencedor porque fuiste entrenado para prevalecer.

Si en la antigüedad pensaban que un gladiador se conectaba con Saturno y que un romano se conectaba con el dios de la guerra, Marte; tú, teniendo al verdadero Dios todopoderoso y que por Su Hijo fuiste conectado con El para que por medio del Espíritu Santo puedas tener comunicación divina en todo momento y que no haya espacio para las mentiras del diablo; debes tener la total convicción que sin importar la batalla por la que estés atravesando, saldrás vencedor por cuanto tienes la unción divina del que nunca ha perdido una sola batalla.

En el tiempo cuando Jesús estuvo en la Tierra, el uniforme del soldado romano era muy respetado; de tal manera que cuando el Señor llegó al área donde estaba el gadareno y le preguntó cómo se llamaba, le respondió que se llamaba legión porque eran muchos. En la mente de Jesús pudo llegar la imagen del uniforme de soldado romano sobre ese endemoniado; pero Jesús, con mayor poder y autoridad, y como el primero que usó la armadura de Su Padre para enfrentarse a demonios y potestades, libró una batalla contra el espíritu del dios de la guerra que estaba en el gadareno y lo echó fuera.

Interesante que legión era el nombre del que encabezaba 6,826 espíritus, o sea, el poder de 6,826 soldados romanos, entiéndase con esto; hijos y toda una línea ancestral del dios de la guerra llamado Marte; pero Jesús, siendo el Hijo del verdadero Dios llegó a demostrar que el dios llamado Marte no funciona, sino al que tú le sirves con todo tu corazón y quiere entrenarte y vestir con la armadura de Dios para prevalecer ante cualquier circunstancia el quien tiene todo el poder en todo momento para delegarlo sobre ti como Su guerrero dimensional.

¿Quieres saber cómo resistir las batallas que pueden venir a tu vida? En la armadura de Dios está la forma de cómo hacerlo, solamente debes disponer tu vida para que el Espíritu Santo la ciña y puedas aprender entonces a usarla en el orden de Dios.

## 5.- NO TE ACOMODES

**Efesios 6:18** Con toda oración y súplica orad en todo tiempo en el Espíritu, y así, velad con toda perseverancia y súplica por todos los santos;

**Mateo 17:21** Pero esta clase no sale sino con oración y ayuno.

Se proactivo y no reactivo, eso significa, práctica la guerra antes de tenerla, orando y ayunando.

## 6.- NO ABANDONES LOS PRINCIPIOS DIVINOS

**Filipenses 4:9**

**(KADOSH)** Continúen haciendo lo que aprendieron de mí, lo que han oído y me han visto hacer; entonces YAHWEH, quien da Shalom, estará con ustedes.

**(AF)** La enseñanza que os he impartido, la tradición que os he confiado, lo que en mí habéis visto y oído, ponedlo en práctica. Y el Dios de la paz estará con vosotros.

**(LBD)** Sigan poniendo en práctica lo que aprendieron, recibieron, oyeron y vieron en mí, y el Dios de paz estará con ustedes.

**(BDA2010)** Practiquen asimismo lo que han aprendido y recibido, lo que han oído y visto en mí. Y el Dios de la paz estará con ustedes.

Aprende de las experiencias de otros para que no tengas malos momentos (los luchadores nuevos se sentaban a ver a otros que luchaban en la palestra y de ahí lograban obtener enseñanzas sobre lo que no debían hacer y perfeccionar lo que veían que funcionaba bien).

**Filipenses 4:9** Lo que también habéis aprendido y recibido y oído y visto en mí, esto practicad, y el Dios de paz estará con vosotros.

Cuando hacemos lo que Dios nos dice, es porque hemos aceptado Su entrenamiento y eso limita a Satanás.

**Job 2:6** Y el SEÑOR dijo a Satanás: "Él está en tu mano; pero respeta su vida."

El principio es: la batalla de Satanás contra el creyente es separarlo de Dios, de la palabra y de otros creyentes, porque su meta es interrumpir tu propósito y arruinar tu destino.

## Las Cosas Más Importantes Para La Batalla

Las 4 cosas más importantes en la batalla para un soldado están reveladas en la epístola a los **Efesios capítulo 6**.

- **La encomienda para el soldado:** es fortalecerse en la habilidad de Dios, **Efesios 6:10-11**.

- **El desafío del soldado:** el vestirse con la armadura de Dios, es un desafío porque es una decisión muy personal, Dios no te forzará a ponértela, **Efesios 6:11**.

- **El conflicto del soldado:** luchar contra las fuerzas demoniacas, **Efesios 6:12**.

- **El mandato u orden del soldado:** resistir y continuar firme durante el combate, **Efesios 6:13**.

# LA CAPACIDAD PARA RECUPERARSE

# Capítulo 2

En el capítulo anterior tuviste la oportunidad de estudiar lo que concierne al entrenamiento de un guerrero, es lo vital en la carrera de todo soldado del ejército de Dios; saber que de alguna forma existe un entrenamiento, aunque es obvio que no podría ser a la manera del mundo por cuanto el mundo es natural y el ejército de Dios está en un nivel más alto siendo espiritual.

Sin embargo, también es necesario saber que existe una faceta que todo guerrero espiritual debe conocer, esto es la capacidad para recuperarse; claro que tu prioridad en esto es que puedas vencer sin ser herido, pero como en toda guerra hay heridos, lo que necesitas aprender es cómo recuperarte en caso de ser herido para poderte levantar en el nombre de Jesús.

## La Capacidad Para Recuperarse

Por eso puedes ver que en la Biblia existen muchos versículos en los que se describe o señala el hecho de levantarte por el poder del Espíritu Santo en ti y en virtud de esa realidad, debes entonces aferrarte de esa promesa gloriosa o como en algunos casos puedes ver también, es una ordenanza de parte de Dios con el propósito que puedas levantarte sin importar lo que te haya hecho caer, porque si bien es cierto que estás siendo entrenado como un guerrero espiritual y que puedes salir herido, también es cierto que debes tomar las armas que Dios te ha entregado, levantarte en el nombre de Jesús y continuar en aquello que El te llamó en Su obra.

Uno de los puntos muy importantes en el capítulo anterior, fue el hecho de ver dónde, cuándo y por qué nace la analogía de la armadura de Dios; describí que el Apóstol Pablo, estando preso durante 8 años en Roma, tuvo el tiempo necesario para poder observar la vestidura de un soldado romano. Había 2 clases de soldados romanos; posteriormente llegó uno más fuerte por su procedencia, me refiero al soldado dimensional; hoy ese soldado espiritual eres tú.

Lo interesante de las 2 clases de soldados romanos es que había uno de ellos que era llamado gladiador, el cual estaba relacionado con el culto a un dios llamado Saturno; buscaba tener una especie de comunión con ese dios para que pudiera recibir su poder; igualmente funcionaba con los soldados romanos cuando los ingresaban a las palestras para que recibieran su respectivo entrenamiento; los adoctrinaban en relación al dios de la guerra llamado Marte, haciéndoles creer que eran hijos de ese dios y que su armadura, era como la que Marte usaba.

Ahora bien, cuando digo que eres un guerrero dimensional, no estoy tratando de trasladarte una idea mística y desequilibrada, sino que todo lo he obtenido de la Biblia de algunos versículos muy puntuales en determinadas versiones que verás más adelante, donde dice que las luchas que tendrás o que tienes, es en lugares dimensionales, en algunas versiones de la Biblia que son un poco más populares dice que son lugares celestiales.

Pero independientemente de cómo lo diga, lo que nadie puede negar es que eres hijo del único Dios verdadero Todopoderoso de quien recibes la instrucción para que seas parte de Su ejercito dimensional. También es muy interesante que dentro de los nombre compuestos de Dios, hay uno que se escribe así:

**JEHOVÁ SABAOTH**, el cual significa **EL SEÑOR DE LOS EJÉRCITOS**; en otras versiones dice: **JEHOVÁ EL SEÑOR GUERRERO.**

También se habla en ese carácter militar de guerra, **EL GUIBOR** el cual significa **DIOS FUERTE.**

Menciono todo esto para que tengas consciencia clara de quién es tu Padre, tu Dios, el que está dispuesto a ministrarte el entrenamiento necesario para que seas un verdadero guerrero dimensional lo cual está vigente desde el momento cuando Jesús derramó Su sangre preciosa y se activa a partir de cuando El entra a tu corazón.

Entonces puedo decir que cada soldado tiene un dios y tú tienes a Dios; aunque también debo mencionar que en las guerras convencionales, detrás de cada una hay un espíritu de las tinieblas, pero no solamente el espíritu que las motiva, sino en aquellos que son motivados para que se realicen. Por eso puedes ver en la Biblia que, cuando David iba a la guerra, le preguntaba a Dios si salía a la batalla o no, y El le respondía lo que debía hacer:

**2 Samuel 5:23-25 (LBA)** Cuando David consultó al SEÑOR, Él dijo: No subas *directamente;* da un rodeo por detrás de ellos y sal a ellos frente a las balsameras. **24** Y cuando oigas el sonido de marcha en las copas de las balsameras, entonces actuarás rápidamente, porque entonces el SEÑOR habrá salido delante de ti para herir al ejército de los filisteos. **25** David lo hizo así, tal como el SEÑOR le había ordenado, e hirió a los filisteos desde Geba hasta Gezer.

Obviamente que la respuesta certera que Dios le respondía a David, no era lo que recibían los soldados romanos y los gladiadores porque ellos tenían por dios a un demonio que quizá les respondía pero sin sabiduría divina.

Es necesario considerar todo esto con lo que he iniciado este segundo capítulo porque si sigues las instrucciones de batalla de Jehová de los ejércitos, siendo el único Dios verdadero y que nunca ha perdido una sola batalla; difícilmente serás vencido, por eso es necesario que tus sentidos espirituales sean agudizados cada vez más para poder escuchar la voz de Dios y hacer todo lo que El te diga. Sin embargo, es necesario que seas instruido para una recuperación en caso de que el calor de la batalla se intensifique, para lo cual empezaré entonces con la cita base:

**Efesios 6:10-13 (LBA)** Por lo demás, **fortaleceos** en el Señor y en el **poder de su fuerza**. **11** Revestíos con toda la armadura de Dios **para que podáis estar firmes contra las**

**insidias del diablo**. ¹² Porque nuestra lucha no es contra sangre y carne, sino contra principados, contra potestades, contra los poderes de este mundo de tinieblas, contra las *huestes* espirituales de maldad en las *regiones* celestes. ¹³ Por tanto, tomad toda la armadura de Dios, **para que podáis resistir en el día malo, y habiéndolo hecho todo, estar firmes**.

Nota entonces que antes de vestirte con la armadura de Dios, debes haber desarrollado fortaleza, el poder y la fuerza del Señor; esto es con la idea, dentro de la misma analogía, que se cumplió espiritualmente lo siguiente:

1. Entrenaste dentro del agua (viviste la palabra de Dios en medio de la tormenta).

2. Entrenaste en terreno difícil: mojado, lodoso (permaneciste en la voluntad de Dios).

3. Entrenaste sin ropaje y bañados en aceite (hubo batalla pero la unción del Espíritu Santo te hizo resbaladizo de las manos de Satanás).

Pasadas estas etapas del entrenamiento en la antigüedad, entonces el guerrero era apto para tener la armadura; por eso debes pasar por todo el entrenamiento, aunque a veces llegues a pensar que no te servirá de nada alguna faceta; si Dios está permitiendo que la vivas, es porque te servirá en determinado momento, tarde o temprano pero la vas a utilizar para que se cumpla lo dicho en el final del versículo de **Efesios 6:13 ... y habiéndolo hecho todo, estar firmes.**

## La Supervivencia de Los Guerreros

Para los gladiadores, su motivación de supervivencia era su libertad porque eran esclavos que habían sido vendidos o intercambiados en el mercado de esclavos; los compraban para lo que quisieran sus amos, esto incluía la diversión de verlos en el circo romano muriendo en manos de sus rivales o ganando sobre ellos y así obteniendo su libertad.

En el capítulo anterior tuviste la oportunidad de aprender respecto a 3 clases de guerreros; ahora aprenderás de otros 3:

**SECUTORES**

## La Capacidad Para Recuperarse

Este tipo de guerrero tenían las siguientes características:

- Casco.
- Escudo.
- Espada.
- Reciarios.
- Túnica corta o faldilla con cinturón.
- Manga en el brazo izquierdo.
- Red.
- Tridente (fuscina).
- Puñal.

Fotografía: http://www.miniaturasjm.com

## HOMOPLACHI

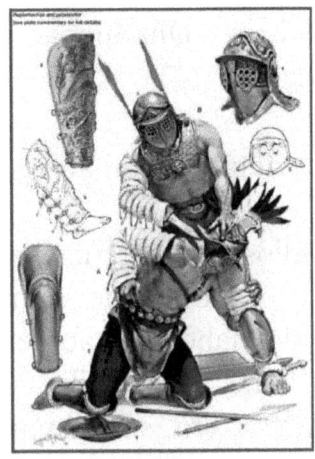

- Armadura completa.
- Casco con visera.
- Coraza.
- Ócreas.
- Escudo circular, a semejanza del que usaba la infantería griega.

## OTROS GLADIADORES MENOS FRECUENTES

➢ Los Laquearii (escasamente armados).

- Los Equites (gladiadores que combatían a caballo).

- Los Essedarii (combatientes sobre carros).

- Los Andabatae y Los Dimanchaeri (luchaban con dos espadas).

- Los Provocatores (que abrían los combates).

La vestidura de cada uno de ellos los diferenciaba entre los demás, aunque su propósito de salir victoriosos, era que después de haber matado a muchos como ellos, incluso a fieras; la posibilidad de ser libres, era más alta, esa era su mayor motivación.

El otro guerrero, era el soldado romano para quien no había forma de perder las batallas por ser hijo de Marte, conocido como el dios de la guerra; eso era lo que los motivaba a que dieran todo en el campo de batalla y alcanzar la victoria.

Por otro lado, tú, como guerrero dimensional, guerrero del Dios verdadero, dice Su palabra: **Resistid, fortaleceos en el Señor y en el poder de su fuerza**. Lo maravilloso de esto es que para ti existe una verdad que permanece para siempre de eternidad a eternidad porque en Dios no hay variación, por eso cuando Moisés le preguntó a Dios, qué le respondería a Su pueblo cuando le pregunten quién lo había enviado, El le dijo: **YO SOY EL QUE SOY**, porque El no tiene principio ni fin, el permanece para siempre desde la eternidad.

Otro punto que deseo resaltar es el hecho que, cuando dice la Biblia que debes resistir, es porque la batalla no será fácil, el diablo ejercerá presión para causar un impacto en tu vida a manera de debilitarte y que la orden de Dios en cuanto a que debes resistir, no se cumpla; por eso la orden es: **RESISTID**, porque el diablo tiene estrategias las cuales están basadas en una palabra que está en la Biblia: **INSIDIAS**.

## Las Estrategias del Diablo (Insidias)

**2 Corintios 2:11 (LBA)** ...para que Satanás no tome ventaja sobre nosotros, pues no ignoramos sus ardides.

La palabra ardides está relacionada con insidias y en su trasfondo lleva lo siguiente:

- Son diseñadas con años de anticipación para que al ponerlas en práctica, lleven todo su potencial; de tal manera que mientras fueron diseñadas, se tomó en cuenta aquello que no has fortalecido o que no has podido eliminar y eso te ha dejado en un punto de

## La Capacidad Para Recuperarse

donde el diablo podrá tomarte para derribarte.

- No son ataques espontáneos, principalmente cuando logra ver que provocó daño sin que pudieras recuperarte de inmediato o entrar en un proceso de recuperación, insistirá en lo mismo hasta que te venza.

- Son resultados de lo que el descubre, porque se tomó el tiempo por año, incluso ancestralmente para descubrir qué debilidad traes en tus genes y con eso poder lanzar su ataque.

Ahora bien, la palabra **ARDIDES**, según el Diccionario Strong, está identificada con el código **G3540** y se pronuncia **NÓEMA** y significa: la mente, la idea o pensamientos de Satanás… en otras palabras es, no ignorar cómo piensa él porque son sus planes, sus estrategias de ataque de destrucción que desarrolló en contra del creyente. **Militarmente hablando**, si logras descubrir con inteligencia los planes del enemigo, sus armas y todo lo concerniente a lo que puede verse involucrado con el diablo, eso te dará la ventaja para ganar la batalla porque de alguna forma es como entender sus pensamientos para anticiparse a lo que él hará.

De aquí entonces puedo pensar en qué hubiera sido de ti y de mí, si Dios no hubiera dejado la revelación de que existe otra armadura para vestirte y resistir, entonces estarías en desventaja peleando contra una entidad y sus huestes que son expertos y maestros en confrontaciones; pero si esa vestidura está escrita en la Biblia y Dios ha dejado la instrucción para que te la puedas poner adecuadamente, es porque existe una base y que a partir de ahí, tu victoria en el nombre de Jesús, sea inminente.

Otro punto que debes considerar es que Satanás piensa en cómo reaccionarás ante situaciones negativas y que debes encarar; esto mismo puede ser el producto de haber aprovechado todo el entrenamiento para alcanzar a ser un guerrero dimensional; me refiero que mientras estás sumido en situaciones adversas, es cuando debes poner en práctica todo lo aprendido porque de ahí dependerá un producto positivo o negativo. Dicho en pocas palabras, todo obrará a bien si amas al Señor, de tal manera que por más humillante que pueda ser una situación, te dejará algo positivo que te servirá en la preparación de guerrero dimensional.

Si tu reacción es negativa, estás sirviéndole al diablo a lo que él desea ver en ti, pero si tu reacción es positiva, desprenderás la virtud de aquella prueba, habrás aprendido a resistir y el diablo saldrá avergonzado; partiendo de eso, el diablo establece las INSIDIAS. Por eso es importantísimo que asimiles el capítulo anterior donde pudiste ver la preparación del guerrero dimensional; este capítulo es para aprender a recuperarte en caso el fuego de la prueba o de la batalla, sea intenso.

**2 Corintios 2:11 (LBA)** ...para que Satanás no tome ventaja sobre nosotros, pues no ignoramos sus ardides.

Con la insidia y artimaña juntas, Satanás intentará producir el resultado que él quiere como consecuencia de haber descubierto tu debilidad por las reacciones o respuestas que tienes cuando estás bajo su presión o ataque; por eso te enseñé en el capítulo anterior respecto a cuidar tu vocabulario, pero cuídalo más cuando estés bajo ataque, cuando te sientas presionado por muchas circunstancias porque es ahí donde se verá si realmente estás utilizando adecuadamente la armadura de Dios.

Recuerda que absolutamente todo lo que el diablo hace en contra tuya con sus artimañas; son creadas como estrategia para provocar una manifestación o actitud negativa en tu vida para tenerlo como argumento legal delante de Dios y obtener Su aprobación para así entonces Satanás y todo su equipo poderse proyectar en contra tuya.

Cuando observas en los evangelios, aunque fueron tentaciones; hubo presión sobre Jesús cuando estuvo en el monte de la tentación:

**Mateo 4:5-6 (LBA)** Entonces el diablo le llevó a la ciudad santa, y le puso sobre el pináculo del templo, **6** y le dijo : Si eres Hijo de Dios, lánzate abajo, pues escrito está: "A SUS ÁNGELES TE ENCOMENDARÁ", y: "EN LAS MANOS TE LLEVARÁN, NO SEA QUE TU PIE TROPIECE EN PIEDRA."

Satanás tenía la idea de desarrollar una insidia de presión contra Jesús; si Su reacción hubiera sido lanzarse, lo que el diablo iba a considerar era la reacción provocada; pero nunca pensó con lo que Dios le respondería:

**Mateo 4:7 (LBA)** Jesús le dijo: También está escrito: "NO TENTARÁS AL SEÑOR TU DIOS."

Satanás tuvo más duda que nunca antes, por eso probó en tentar al Señor; el diablo nunca conoció el plan divino, aunque era el querubín cubridor de los secretos de Dios, no conocía la intimidad del Padre respecto al plan de salvación para tu vida porque todo fue por amor a ti. Dios Hijo dejaría Su trono por amor, cumpliría con el plan del Padre y fue ahí precisamente donde el enemigo falló, porque desconocía muchas cosas jurídicas. Jesús descendió hasta los infiernos en la muerte segunda, pero ni la muerte lo pudo retener, por eso el Espíritu Santo lo levantó con poder y gloria y volvió a tomar lo que le pertenecía; ahí fue donde falló Satanás, nunca se imaginó que el Señor Jesucristo podría tomar nuevamente lo que había dejado por amor.

Otro punto muy importante en todo esto es lo siguiente:

**2 Corintios 2:11 (LBA)** ...para que Satanás no tome ventaja sobre nosotros, pues **no ignoramos** sus ardides.

Satanás toma ventaja muchas veces porque ignoras su forma de ataque. Observa lo que dice el Diccionario respecto a esa palabra:

### IGNORAR G50 AGNOÉO

**Primer significado:** no saber (por falta de información o inteligencia).

**Segundo significado:** por implicación desconocer por desagrado (no te gusta el tema y no le pones atención, incluso podría ser por miedo).

El principio es el siguiente: entre más entiendas como opera tu enemigo, más lejos estarás de perder la batalla porque al descubrir su plan, él queda a merced tuya, por eso no debes tener miedo contra las tinieblas, más bien debes inquirir diligentemente en las escrituras para estar debidamente protegido y así poder salir a la batalla con la seguridad que vas como lo hizo David, aunque se enfrentaba a un gigante con toda su armadura, David sabía que tenía de su lado a Jehová de los ejércitos y El le ministraría la estrategia militar para que en el primer golpe que lanzara, pudiera vencer al adversario.

Por eso debes estar en constante comunión con Dios y obedecer a todas Sus instrucciones porque en la medida que camines bajo esa perspectiva y tengas la estrategia divina, eso marcará tu victoria ante tus enemigos.

## La Capacidad para Recuperarse

## LA CAPACIDAD DE SOBREPONERSE A LA VIDA

La capacidad de reponerte no es una cualidad innata, no está impresa en tu organismo, sino que debes desarrollarla, con fe, entendimiento, responsabilidad y personalmente; esto puede ser incluso a lo largo de la vida.

**Josué 1:9 (LBA)** ¿No te *lo* he ordenado yo? ¡Sé fuerte y valiente! No temas ni te acobardes, porque el SEÑOR tu Dios *estará* contigo dondequiera que vayas.

Josué aprendió de Moisés, había aprendido a lo largo de su vida, esa fue la razón por la cual Dios permitió que Moisés le entregara la estafeta tan poderosa que tenía, pero no solamente está ese ejemplo, puedes ver muchos otros personajes haciendo hazañas que demostraron el poder de Dios derrotando enemigos, hicieron retroceder ejércitos, siempre hubo alguien que fue entrenado para continuar con determinada labor, pero el punto es que nadie puede continuar una labor, un trabajo o privilegio de parte de Dios, si no tiene la capacitación o entrenamiento correspondiente.

Cuando Dios le ordenó a Josué lo dicho en **Josué 1:9**, tácitamente le estaba diciendo que El estaría con Josué en todas las batallas que fuera a librar porque tenía el entrenamiento necesario para salir adelante y más que eso, tenía la presencia de Dios sobre su vida como también hoy está contigo y con el entrenamiento y Su presencia, saldrás victorioso sin importar adondequiera que vayas.

Ahora lo que debes saber también es que necesitas alcanzar la capacidad de recuperarte por cualquier contingencia porque en medio de la batalla, de pronto te encontrarás en medio de 2 opciones:

1. Sobreponerte y salir fortalecido.

2. Dejarte vencer y sentir que has fracasado.

Aunque también tienes la opción de convertir la caída en impulso o bien, ignorar el desafío y convertirte en víctima de tu fracaso.

Cuando ocurre un suceso traumático, solo tienes dos opciones:

1. Te autodestruyes o te creces.

2. Te conviertes en una víctima o aprendes de lo que te ha ocurrido y te superas.

Es interesante que en la vida existen personas con las mismas pruebas, unos aprovecharon la caída para tomar impulso y levantarse, otros quedaron traumados y nunca más se levantaron. Por eso, aunque ames mucho a Dios, llegará el momento de la prueba en que estando en el punto 0, tendrás que tomar una decisión: te levantas o te destruyen.

## PERSONAJES QUE AMARON A DIOS PERO CAYERON

La Biblia hace referencia de hombres que amaron a Dios pero de pronto cayeron en alguna área débil de su vida:

1. **Noé:** Construyó una arca pero cayó en embriagues.

2. **Lot:** Escapó de Sodoma pero cometió incesto estando borracho.

3. **Sansón:** Liberó a Israel muchas veces, pero visitaba prostitutas (al final restauró el pacto con Dios).

4. **Moisés:** Lideró a Israel pero en su ira golpeo la roca 2 veces y no entró a Canaán.

5. **Saúl:** Primer rey ungido pero celoso desobedecido y consultó a una bruja.

6. **David:** El hombre con corazón conforme a Dios pero cometió adulterio (se arrepintió y Dios lo restauró).

7. **Salomón:** Construyó el primer templo pero las mujeres desviaron su corazón.

Algunos se levantaron y otros no, ¿en que consiste?, no podría menospreciar el dolor de otra persona en ningún momento, sin embargo, lo único que puedo decir es que a diferencia de unas personas a otras, el hecho de haber asimilado el entrenamiento que han recibido para llegar a ser guerreros dimensionales, les ha servido para levantarse en el nombre de Jesús y siguen confiando en Dios y Sus promesas; parecería que a más dura la prueba, más rápido se levantan; en otros casos no es lo mismo, sino que por algún problema de menor magnitud de lo que otros padecen, dejan todo y no quieren saber nada de Dios y quieren morir.

**Si solo tienes la enseñanza que evita caer y no hay enseñanza para saber cómo levantarte, puedo decir que estás en desventaja.**

## LA DIFERENCIA ENTRE AHOGARSE Y LEVANTARSE

El soldado romano tenía la formación para evitar caer, pero también la formación para levantarse porque eso era parte de todo el entrenamiento, era parte de lo que había aprendido cuando lo pusieron a entrenar sobre terreno difícil, mojado e inestable; caía, pero debía levantarse inmediatamente porque no había tiempo para lamentarse, a menos que quisiera morir, pero ese no era el deseo de un guerrero, sino más bien, levantarse y con toda diligencia vencer a su enemigo para procurar su libertad.

**Lucas 15:18-20 (LBA)** "**Me levantaré** e iré a mi padre, y le diré: 'Padre, he pecado contra el cielo y ante ti; [19] ya no soy digno de ser llamado hijo tuyo; hazme como uno de tus trabajadores.'" [20] Y **levantándose**, fue a su padre. Y cuando todavía estaba lejos, su padre lo vio y sintió compasión *por él*, y corrió, se echó sobre su cuello y lo besó.

De aquí puedo ver entonces que es Dios quien concede el espíritu de arrepentimiento, de otra forma nadie se podrá levantar. El hijo pródigo hizo muchas cosas en desorden y cuando llegó al fondo de sus problemas, recibió el redargüir de Dios, pero fue el hijo pródigo el que tomó la decisión de levantarse, nadie lo levantó, él tuvo que sacar fuerza de flaqueza y levantarse para regresar a la casa de su padre con una actitud de arrepentimiento por lo que había hecho.

Observa otro ejemplo de la Biblia en **Proverbios 24:16** en diferentes versiones:

**(BAD)** ...porque siete veces podrá caer el justo, **pero otras tantas se levantará**; los malvados, en cambio, se hundirán en la desgracia.

**(FTA)** ...porque siete veces caerá el justo, **y siempre volverá a levantarse**; al contrario, los impíos se despeñarán más y más en el mal.

**(BLS)** No importa cuántas veces caiga, **siempre se levantará**. En cambio, el malvado cae y no vuelve a levantarse.

**(KADOSH)** Porque el hombre justo caerá siete veces, **y se levantará**, son los perversos que estarán sin fuerza en problemas.

Levantarse es solo cuando alguien puede trabajar en aquel evento negativamente, olvidándolo o canalizando la experiencia negativa hacia afuera de su vida, eso es **RESISTENCIA A UNA BATALLA SATÁNICA**. Lo interesante del versículo descrito es que, lo investigué en los diferentes diccionarios y enciclopedias y en ningún momento deja la idea de que Dios haya ayudado a ese personaje que la Biblia llama justo, en todo caso lo que recibió fue el espíritu de arrepentimiento.

Entonces lo que puedo decirte es que recibirás de parte de Dios, el espíritu de arrepentimiento con el cual se activará en ti un poder inesperado para que te levantes en el nombre de Jesús; sin importar cuántas veces caigas recibirás esa oportunidad de Dios para que en ti esté el deseo de levantarte, contrario a lo que desean tus enemigos o aquella gente del mundo que no aprueba tu estilo de vida porque constantemente buscas a Dios; ellos quisieran que una vez caído, ahí terminara tu vida porque no conocen del amor de Jesús, pero ese no es el deseo de Dios, sino que te levantes y sigas adelante.

## La Capacidad de Levantarse

**Isaías 60:1 (LBA) Levántate**, resplandece, porque ha llegado tu luz y la gloria del SEÑOR ha amanecido sobre ti.

La palabra **LEVÁNTATE**, según el Diccionario, está identificada con el código **H6965**, se pronuncia **CUM**, y dentro de sus acepciones, están las siguientes:

Raíz primaria; levantarse, afirmar, alzar, enderezar, erigir, nacer, ordenar, permanecer en pie, reconstruir, renovar, resistir, restaurar, seguir, subir, subsistir.

Cuando un guerrero dimensional cae, la orden implícita de Dios al decir: **LEVÁNTATE**, es todo lo que esa palabra significa en hebreo, de acuerdo a lo que describe el Diccionario Strong. Por eso, como ya lo mencioné, en la antigüedad, cuando un soldado caía herido en la batalla, al salir del lugar donde era sanado corporalmente; lo regresaban a la palestra para que tomara nuevamente otro entrenamiento, el mismo proceso porque se había considerado que en la palestra estaba la capacitación para ser un vencedor y no un perdedor.

**Según el Diccionario de la Real Academia Española, LEVANTARSE, significa:**

La capacidad humana de asumir con flexibilidad situaciones al límite y sobreponerse a ellas.

## ANALOGÍA DEL GUERRERO CON LA ARMADURA DE DIOS

Levantarse es tener la capacidad de afrontar las crisis, batallas, luchas, combates, adversidades, presiones, ataques o situaciones potencialmente traumáticas, y salir fortalecidos de ellas.

Claro que todo esto lo puedes aprender en la escuela de la vida, asumiendo la doctrina que Dios te envía para que aprendas a no desviarte cuando estés en medio de una tormenta; dicho en otras palabras, que no le halles despropósitos en Dios a lo que estés viviendo, sino que, sepas que hay algo que debes dejar, algo negativo que está arraigado en tu alma y que no quiere salir porque es parte de la operación de error del enemigo, pero lo que Dios te permite vivir en medio de momentos difíciles, golpes en el alma, humillaciones, etc., te servirá para que renuncies a esas situaciones para ser totalmente libre.

Aunque de pronto, sientas que vas a morir o que incluso has visto al diablo en medio de tus problemas y ha pretendido burlarse de ti; debes saber que mayor es el que está contigo que el que está en el mundo y aunque veas a demonios como perros rabiosos contra ti; eres un guerrero dimensional que está siendo preparado para cosas mayores que esas.

## ANALOGÍA DEL SOLDADO ROMANO

**Efesios 6:10 (LBA)** Por lo demás, **fortaleceos** en el Señor y en el **poder** de su **fuerza**.

## Fortaleceos: G1743 endunamóo

Significa: hacerte fuerte, hacer que venga a ti.

Tácitamente está diciendo que debes tomar lo que Dios ya te ofreció, por eso dice la Biblia: **...diga el débil, fuerte soy...**

## Poder: G2904 krátos

Significa: demostrar el poder (no necesariamente poder de músculos o habilidad física), demostrar que el poder funciona.

## Fuerza: G2479 ischus

Significa:

- Fuerza y habilidad que tienes a través del Señor, la capacidad de Su poder.

- Capacidad para ganar cualquier batalla que estés experimentando.

- Significa que en lugar de que el diablo te ponga límites, tú se los pongas a él para que entonces no toque tu vida, tu familia, tu casa, etc.

- Son armas espirituales no carnales, eso es **ISCHUS**.

Lo que esto deja ver entonces es que si alguien permanece derrotado, es por voluntad propia porque Dios ya decretó que te levantes, lo que te corresponde es obedecer y levantarte en el nombre de Jesús porque de esa caída aprendiste a no volver a caer por la misma causa; quizá caigas nuevamente pero será por otra situación diferente, aunque cada vez será más difícil para el diablo hacerte caer; pero si ese es el caso, en cada caída tendrás más capacidad de volver a levantarte y saber que el suelo no es tu lugar; en el suelo está el polvo, la comida de la serpiente que es el diablo y Satanás como lo deja ver **Génesis 3:14 y Apocalipsis 20:2**, en cambio tu comida debe ser como dijo Jesús:

**Juan 4:34 (NTV)** Entonces Jesús explicó: -**Mi alimento consiste en hacer la voluntad de Dios**, quien me envió, y en terminar su obra.

Eso significa que una de las cosas que debes conocer es, la voluntad de Dios en tu vida, de lo cual puedo decirte que, si en algún momento de las batallas caes, debes levantarte en el nombre de Jesús y seguir adelante porque si tienes el Espíritu Santo en tu corazón, tienes el poder para hacerlo.

## Los Más que Vencedores

Los más que vencedores son poseedores de resiliencia.

**Bíblicamente hablando:**

Hay ejemplos de creyentes que fueron más que vencedores porque se **LEVANTARON** de situaciones difíciles, casi de la mortandad.

**Científicamente hablando:**

Aunque solo desde los años 1980 se trabaja sobre la idea de resiliencia, es la posibilidad de volver a la vida después de una agonía psíquica, traumática o en condiciones adversas.

## LOS RESISTENTES SON LOS MÁS QUE VENCEDORES

- Las personas resistentes no nacen, se hacen.

- Son formados a través de las luchas en la vida.

- Luchan contra situaciones adversas.

- Es posible que han probado varias veces el sabor del fracaso y no se han dado por vencidas.

- Al encontrarse al borde del abismo, han dado lo mejor de sí y han desarrollado las habilidades necesarias para enfrentarse a los diferentes retos de la vida.

En el capítulo 11 de la Epístola a los Hebreos se menciona una lista de personajes que dice la Biblia, sacaron fuerza de flaqueza, abrieron boca de leones, apagaron fuegos…

**Hebreos 11:32-38 (LBA)** ¿Y qué más diré? Pues el tiempo me faltaría para contar de Gedeón, Barac, Sansón, Jefté, David, Samuel y los profetas; **33** quienes por la fe conquistaron reinos, hicieron justicia, obtuvieron promesas, cerraron bocas de leones, **34** apagaron la violencia del fuego, escaparon del filo de la espada; siendo débiles, fueron hechos fuertes, se hicieron poderosos en la guerra, pusieron en fuga a ejércitos extranjeros. **35** Las mujeres recibieron a sus muertos mediante la resurrección; y otros fueron torturados, no aceptando su liberación, a fin de obtener una mejor resurrección. **36** Otros experimentaron vituperios y azotes, y hasta cadenas y prisiones. **37** Fueron apedreados, aserrados, tentados, muertos a espada; anduvieron de aquí para allá *cubiertos con* pieles de ovejas y de cabras; destituidos, afligidos, maltratados [38] (de los cuales el mundo no era digno), errantes por desiertos y montañas, por cuevas y cavernas de la tierra.

Cuando hablo que debes resistir en las batallas, es porque Dios te dará la resistencia necesaria pero es porque le has añadido **el ingrediente clave: fe**, porque es lo que necesitas para estar convencido que existe una armadura de Dios.

## ¿QUÉ SIGNIFICA RESISTENCIA?

Es la capacidad que tiene una persona de recuperarse frente a la adversidad, para seguir proyectando el futuro.

En ocasiones, las circunstancias difíciles o los traumas, permiten desarrollar recursos que se encontraban latentes y que el individuo desconocía hasta ese momento.

## LA CAPACIDAD DE LEVANTARSE

¿Quiénes tienen resiliencia?

Las personas con la capacidad de sobreponerse a las adversidades que les ha tocado vivir, van un paso más allá y utilizan cada situación que viven para crecer y desarrollar al máximo su potencial.

- Para las personas con resiliencia, no existe una vida dura, sino que son momentos difíciles pero con oportunidad de crecer.

- Son personas con una visión diferente de ver el mundo, ya que son conscientes de que después de la tormenta llega la calma y con la experiencias adquirida, tienen mayor oportunidad que otros.

Si hoy estas leyendo este libro, es porque has descubierto en cierto modo que has superado las batallas que enfrentaste en el pasado o que puedas estar enfrentando hoy, pero con la consciencia que eso te aprovechará positivamente, no buscas despropósitos en nada, sino por el contrario; has descubierto que el enemigo no logró lo que buscaba porque tienes una resistencia de parte de Dios como guerrero dimensional. Por eso es necesario magnificar el significado de la resistencia porque esa es la verdad para ti, eso es lo que Dios desea que comprendas.

## La Resistencia del Guerrero Dimensional

**LA RESISTENCIA**

Según el Diccionario de la Real Academia Española, se usa la palabra **resistencia** para explicar lo siguiente: capacidad para resistir o causa que se opone a la acción de una fuerza.

- La resistencia soporta la adversidad con un enfoque positivo que soporta el estrés y permite la capacidad de superarte, de transformar esa circunstancia negativa en oportunidad de desarrollo, para lograr salir fortalecido de cada situación.

- Ser resistente no quiere decir que la persona no experimente tristeza o angustia.

- La resistencia no es una característica que la gente tiene o no tiene en forma absoluta, sino que, es el resultado de conductas, pensamientos y emociones que conforman la personalidad y al mismo tiempo, pueden ser aprendidas o modificadas.

- La resistencia va mas allá de convertir a una persona sensible en un corazón duro.

- Resistencia no significa solamente soportar un ataque, sino que, debe ir de la mano de la fortaleza y sabiduría.

- Resistencia es afrontar, superar y volver a comenzar.

- No se trata solamente de resistir con fortaleza y paciencia las adversidades, situaciones límite (que ya es mucho), sino también saber sobreponerse a ellas y salir fortalecidos de la experiencia, saber que aquel sinsabor tiene la forma de ser cambiado en materia positiva.

- La resistencia está en aquellas personas que dicen, …gracias por lo que me sucedió, …soy otra persona, …logre descubrir algo que tenía y no lo sabía.

**Romanos 8:28 (LBA)** Y sabemos que para los que aman a Dios, todas las cosas cooperan para bien, esto es, para los que son llamados conforme a su propósito.

El problema no es lo que daña, sino, el no saber cómo afrontarlo.

## LAS 2 PREGUNTAS EN EL ALMA

1. El que no se levanta, se pregunta: **¿por qué a mí?**

Ese tipo de personas se estancarán en el presente, viendo siempre a su pasado, contemplando el dolor y la no explicación.

2. El que se levanta, se pregunta: **¿para qué es esto... cómo me servirá para aplicarlo a mi vida?**

Este descubrirá lo que tiene que crecer viendo su futuro.

## REFLEXIÓN

Nada de lo que pasa en tu vida debe dejarte indiferente: obtienes lo mejor de esa situación o te daña si no tienes una visión espiritual de parte de Dios, si no tienes Su armadura, puedo decir entonces que no tienes opción porque eres cristiano y como tal, es necesario que te sujetes a toda la instrucción que Dios te envía.

# El Guerrero Dimensional Conectado Con La Sangre De Cristo

## ¿ES HEREDITARIO SER RESISTENTE?

Como guerreros dimensionales has heredado de Cristo el "ser más que vencedor", te ministró un GEN protector, tienes esa herencia por medio de Cristo:

**Romanos 8:37-39 (LBA)** Pero en todas estas cosas somos más que vencedores por medio de aquel que nos amó. **38** Porque estoy convencido de que ni la muerte, ni la vida, ni ángeles, ni principados, ni lo presente, ni lo por venir, ni los poderes, **39** ni lo alto, ni lo profundo, ni ninguna otra cosa creada nos podrá separar del amor de Dios que es en Cristo Jesús Señor nuestro.

En Cristo eres más que vencedor, debes verlo como lo que es: una realidad, no es un eslogan para llenar un espacio, atesora esto en tu corazón y creerlo porque es palabra de Dios escrita en la Biblia. Si hoy eres libre, si eres una nueva persona que quizá nunca pensaste que alcanzarías a ser lo que hoy eres y quieres una respuesta; debes saber que solamente es por la sangre de Jesús, es por el plan divino que el Padre diseñó para que el Hijo viniera a la Tierra a ejecutarlo y que el Espíritu Santo continuara con ese plan perfeccionando tu vida.

Es por la sangre de Jesús que eres resistente y es la razón por la cual has logrado levantarte de situaciones difíciles, podría decir que para el hombre eran situaciones imposibles, pero Dios las hizo posibles para ti porque te ama.

## EL GEN DE LA RESISTENCIA

1. Este es un gen protector.
2. Lo llevas en la sangre.
3. Tiene mayor potencia de SEROTONINA.
4. Solo un tercio de la población lo logra de una manera natural gracias a un gen específico.
5. Según los genetistas se identifica como "5HT2".
6. Que es posible por una reparación en el ADN, pero por intervención divina.

Los receptores de serotonina modulan distintos procesos biológicos y neurológicos, como la agresión, la ansiedad, el apetito, el aprendizaje, la memoria, el estado de ánimo, la nausea y el sueño.

**La buena noticia:** la puedes desarrollar y lograr una actitud resistente para afrontar con éxito los problemas emocionales y tener una vida satisfactoria.

Los receptores de serotonina son el objetivo de una variedad de fármacos y drogas ilegales, que incluye muchos agentes antidepresivos, antipsicóticos, anorexígenos, antieméticos, procinéticos, antimigrañosos, alucinógenos, empatógenos y entactógenos. Esta es la forma negativa en que las tinieblas utilizan los receptores de serotonina, de aquí entonces la importancia del espíritu de poder, amor y de dominio propio que Dios envía a tu vida para que elimines todo propósito negativo que Satanás pretenda usar con cualquier cosa en tu vida.

Por eso, cuando te sientes con el ataque de una agresión y eso te está provocando desánimo y muchas otras cosas; la sangre de Cristo comienza a ejercer la operación divina para que te puedas levantar en el nombre de Jesús; por eso la importancia de la Santa Cena y que al participar de la mesa del Señor lo hagas dignamente, estando a cuentas con Dios.

## LA REPARACIÓN DEL ADN

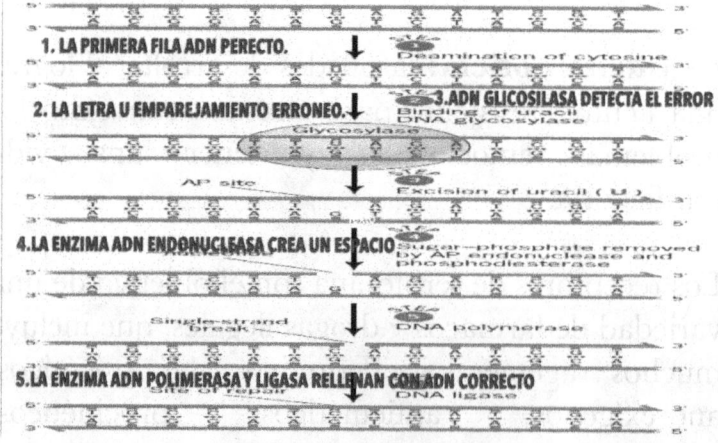

Hay varios mecanismos de reparación de ADN, este se llama: reparación por excisión (del inglés excision repair).

1. En el diagrama se puede observar en la primera fila un ADN normal, una doble hélice: dos hileras unidas como que si fuera una escalera. Las hileras están unidas por el emparejamiento de las bases nitrogenadas que componen el ADN. Si hay un emparejamiento erróneo, el ADN es dañado o se convierte en un ADN diferente con funciones diferentes.

2. El emparejamiento erróneo puede ser por un daño externo o porque simplemente se unieron las bases nitrogenadas equivocadas (**yugo desigual**). Esto fue por algo externo que produjo el cambio y está dañando el ADN.

3. En el paso 2, hay una enzima llamada ADN Glicosilasa (**figura del Espíritu Santo**) que detecta el error de emparejamiento o el daño del ADN. La enzima revisa todo el ADN hasta que encuentra un error o daño (**esto se llama revisión**).

**4.** La Glicosilasa (**figura del Espíritu Santo**) enzima se une al segmento dañado, lo corta y lo extrae creando un espacio en la hilera o secuencia de bases (paso 3 y 4). Hay otra enzima que ayuda a crear este espacio, se llama Endonucleasa (paso 4).

**5.** En el paso 5 y 6, la enzima ADN Polimerasa y Ligasa, rellenan el espacio que quedó vacío con el segmento de ADN correcto. Usan como molde, la hilera de ADN que estaba sano.

Esto es el proceso de restauración que opera en ti en el poder de la Sangre de Jesús por medio de la Santa Cena, con lo cual debes notar que Dios no te hizo para que en la primera caída te quedes derrotado.

Necesitas tener presente todo esto y recordar de forma práctica por lo escrito en la Biblia, cada promesa de bendición a tu vida porque el Satanás pretenderá tergiversar lo que Dios te ha prometido, sea esto como mandato, como promesa de bendición, como instrucción, etc., principalmente cuando estás en medio de la batalla, pretenderá desanimarte para anular cualquier proceso de restauración y que no encuentre oposición porque sabe que eres un guerrero dimensional.

Pero entonces, si Satanás sabe que eres un guerrero dimensional; más aun debes creerlo tú porque es así como poniendo fe en lo que Dios ya dijo que eres, así responderás en los ambientes y con la estrategia de guerra espiritual, saldrás victorioso en el nombre de Jesús.

## La Resistencia y Fortaleza

Quiero usar un concepto que te permitirá tener un mayor entendimiento de lo que es la resistencia para ver que eres más que vencedor.

## LA RESISTENCIA

Concepto tomado de la física, es la capacidad de los metales, para chocar con otros objetos sin partirse o sin ser fracturados.

Aunque ya mencioné lo que la ciencia dice a este respecto, lo mencionaré nuevamente para ampliar más adelante otros puntos en relación a la resiliencia.

## CIENTÍFICAMENTE:

Aunque científicamente solo desde los años 1980 se trabaja sobre la idea de resiliencia; es la posibilidad de volver a la vida después de una agonía psíquica traumática o en condiciones adversas.

## ¿QUIÉN TIENE LA CAPACIDAD DE LEVANTARSE?

Para dar una respuesta más adecuada, el término que lo define es: **LOS RESILIENTES**. Esta era una palabra que solamente era utilizada por la ciencia hasta hace algunos años, pero cuando observas los conceptos que la definen o de lo que significa, implícitamente es lo que está descrito en la Biblia para identificar tu personalidad de guerrero dimensional.

- La palabra proviene del latín resalire: **saltar y volver a saltar, recomenzar**.

- La palabra **resiliencia** designa la capacidad del acero para recuperar su forma inicial a pesar de los golpes que pueda recibir y a pesar de los esfuerzos que puedan hacerse para deformarlo.

**La resiliencia implica reestructurar tus recursos del alma, mente, emociones, sentimientos (psicológicos), en función de**

las nuevas circunstancias y de tus necesidades.

## LA RESILIENCIA

La Real Academia Española en la vigésima tercera edición, dice de la palabra **resiliencia**, que es la **capacidad humana de asumir con flexibilidad situaciones límite y sobreponerse a ellas.**

De todas estas definiciones, se deduce que la resistencia entonces, es la propiedad de la materia que se resiste a la destrucción y, por tanto, tiene mucho que ver con la flexibilidad pero dirigida hacia lo positivo, por eso ampliaré a partir de este punto, lo que es la resiliencia bajo otros puntos de vista:

## LA RESILIENCIA SEGÚN LA INGENIERÍA

En ingeniería se dice que la resiliencia de un material, es su capacidad de absorber un impacto y **almacenar energía sin deformarse.**

## LA RESILIENCIA EN NEUROLOGÍA

Es el potencial para afrontar una situación adversa, **superarla y salir fortalecido**.

## LA RESILIENCIA EN TRAUMATOLOGÍA

Es la capacidad del tejido óseo de crecer **en sentido correcto después de una fractura**.

## LA RESILIENCIA EN BIOLOGÍA

Define las criaturas resilientes como aquellas que pueden **adaptarse al ecosistema y a los cambios que ocurren**.

## LA RESILIENCIA EN PSICOLOGÍA

Se dice que es la capacidad que tienen las personas de **asumir circunstancias traumáticas y recuperarse**.

## LA RESILIENCIA BIBLICAMENTE: (MÁS QUE VENCEDORES)

Es la capacidad de doblarse sin partirse.

**SALUD MENTAL:**

La resiliencia promueve la salud mental y emocional, y te aporta calidad de vida.

**2 Timoteo 1:7 (LBA)** Porque no nos ha dado Dios espíritu de cobardía, sino de poder, de amor y de dominio propio.

Aquí es donde podría mencionar entonces el yelmo de la salvación.

Los resilientes saben afrontar las dificultades sin miedo, por lo que son más estables anímicamente, por eso puedes ver que Dios le dice a Josué:

**Josué 1:9 (LBA)** ¿No te lo he ordenado yo? ¡Sé fuerte y valiente! No temas ni te acobardes, porque el SEÑOR tu Dios estará contigo dondequiera que vayas.

La resiliencia se traduce como **"no hay herida que no sea superable"**. Tienes la resistencia porque tienes el entrenamiento; todo el tiempo que has estado bajo ataque de cualquier tipo, ese ha sido tu entrenamiento porque si estás delante de Dios, si estás leyendo y estudiando este libro, es porque de alguna forma has podido salir victorioso y aquí lo que recibirás es una confirmación de parte de Dios, en que estás en el camino correcto y que debes esforzarte cada día más porque estás llegando a la meta final donde verás al Señor cara a cara entregándote la corona de justicia.

Por eso debes saber que sin importar qué tan pequeño pretendan verte, no hay Goliat que no puedas derribar; eres un guerrero dimensional y si sales a la batalla en el tiempo que Dios lo diga y siguiendo Sus lineamientos, regresarás con la victoria como lo hizo David.

## LOS ENTRENAMIENTOS

La carrera que como cristiano estás teniendo, no termina hoy ni mañana; cuando veas al Señor recibirás la corona de justicia, pero tu trabajo en la obra de Dios continuará, por eso debes mantenerte en pleno entrenamiento y hacer vida lo que dice **Filipenses 4:9**, en sus diferentes versiones:

(**KADOSH**) Continúen haciendo lo que aprendieron de mí, lo que han oído y me han visto hacer; entonces YAHWEH, quien da Shalom, estará con ustedes.

(**AF**) La enseñanza que os he impartido, la tradición que os he confiado, lo que en mí habéis visto y oído, ponedlo en práctica. Y el Dios de la paz estará con vosotros.

**(LBD)** Sigan poniendo en práctica lo que aprendieron, recibieron, oyeron y vieron en mí, y el Dios de paz estará con ustedes.

**(BDA2010)** Practiquen asimismo lo que han aprendido y recibido, lo que han oído y visto en mí. Y el Dios de la paz estará con ustedes.

Esto me deja ver que debes aprender de las experiencias de otros para que te sirvan de modelo de lo que no debes hacer. En la antigüedad los luchadores nuevos se sentaban a ver a otros que luchaban en la palestra; si no estás en plena batalla, observa lo que sucede a tu alrededor y lo que otros hacen para salir adelante, porque es una enseñanza práctica de lo que puedes tener como opción al momento de estar en el campo de batalla.

**Filipenses 4:9 (LBA)** Lo que también habéis aprendido y recibido y oído y visto en mí, esto practicad, y el Dios de paz estará con vosotros.

Cuando haces lo que Dios dice, es porque aceptaste Su entrenamiento lo cual limita a Satanás.

**Job 2:6 (LBA)** Y el SEÑOR dijo a Satanás: "El está en tu mano; pero respeta su vida."

**El principio de Satanás es:** sostener la batalla contra el creyente para separarlo de Dios, de la palabra y de otros creyentes.

**La meta de Satanás es:** interrumpir tu propósito y arruinar tu destino.

**Efesios 6:12 (Amplificada)** Porque no luchamos con carne y sangre (contendiendo solamente con oponentes físicos), pero contra los despotismos, contra los poderes, contra (los espíritus que son maestros o expertos) los gobernantes mundiales de esta oscuridad presente, **contra las fuerzas espirituales de maldad en la esfera celestial (sobrenatural)**.

**Efesios 6:12 (BCR)** …contra ejércitos espirituales de maldad en dimensiones celestiales.

Según la Biblia versión Amplificada, dice que el mundo espiritual tiene maestros o expertos en leyes, principios y estrategias de guerra. Una experiencia que data de milenios de años atrás, de manera que no se debe ir a la guerra sólo por impartición y sin entrenamiento; eso fue lo que Jesús le enseñó a Sus discípulos, no los envió a enfrentar fuerzas espirituales sin haberles enseñado, El lo hizo durante 3 años y medios.

Ninguno soporta los ataques que has tenido, pero has estar en pie porque eres un guerrero dimensional en entrenamiento constante quizá, pero el Espíritu Santo que mora en ti está llevándote por sendas de justicia para que salgas victorioso; obviamente que habrá sufrimiento, sentirás que todo se ha terminado; pero eso solamente son obstáculos que seguirás venciendo en el nombre de Jesús, y cada obstáculo vencido será como un curso aprobado en la universidad de la vida en la cual estás siendo equipado, preparado, entrenado.

Estás terminado de estudiar el segundo capítulo de este libro hasta donde has podido aprender respecto al entrenamiento y la forma de cómo recuperarte; el deseo del corazón de Dios es que lo que hasta aquí aprendiste, lo lleves presente en tu corazón; cuando avances al siguiente capítulo, será otro nivel que necesitas asimilar porque son recursos que Dios está permitiendo en tu vida porque sabe que los necesitas.

Recuerda que a pensar de estar viendo cosas físicas o naturales, tu lucha es en los lugares celestiales; porque una vez tienes la armadura de Dios, te elevó más arriba del orgullo, de los ritos, de los gladiadores, de los soldados romanos y de todos sus dioses para ponerte en alto porque eres un guerrero de los lugares celestiales, de las dimensiones que tienes el poder de sobrevivir los ataques de Satanás y de sobreponerte, sacudirte el polvo y continuar adelante porque aun falta mucho por hacer.

## LA RESISTENCIA COMO ARMA DIMENSIONAL

**Santiago 4:7 (LBA)** Por tanto, someteos a Dios. Resistid, pues, al diablo y huirá de vosotros.

Podría decir que una arma letal contra Satanás es la resistencia, por eso huye. Recuerda que en la batalla solamente hay 3 posiciones:

1. Estar firme y resistir.
2. Estar caído y no levantarse.
3. Huir del diablo.

Pero al que está caído por cualquier situación, Dios activa el poder para recuperarse. Tu batalla está ganada, hazla efectiva levantándote en el nombre de Jesús. Aun si has pecado y te sientes acusado o señalado, preséntate delante de Dios suplicando Su perdón; un ejemplo lo puedes ver con Sansón, prácticamente estaba condenado, pero Dios lo perdonó y forma parte de héroes de la fe; otro ejemplo es el Apóstol Pedro, negó su fe en Jesús pero Dios lo perdonó. David, el dulce cantor de Israel, un hombre conforme al corazón de Dios, pecó cayendo en adulterio y homicidio al haber enviado a matar al esposo de la mujer con la que adulteró; pero Dios lo perdonó.

En lo natural, hay ejércitos que en la batalla tienen bajas, tienen elementos herido, sin embargo no dejan a ninguno, se llevan al que ha sido herido, ¿qué hará Dios por ti en el campo de batalla?, no te dejará a medio camino, no dejará que mueras en manos de Satanás y sus emisarios; solamente obedece a Su voz, agudiza tus sentidos espirituales para seguir Sus instrucciones al pie de la letra para salir adelante.

# LOS ARSENALES EN LA LUCHA ESPIRITUAL

# Capítulo 3

Sabiendo que es necesario avanzar en el mundo espiritual conforme el Espíritu Santo lo permite; debes saber que las confrontaciones espirituales se van incrementando día con día, partiendo de la idea en que Dios es un constante creador, puedo decir que Satanás se ha convertido entonces en un constante imitador porque necesita ampliar su red de engaño, mentira y toda la operación de error.

Cuando hablo de arsenales en la lucha espiritual, es necesario comprender y conocer qué es lo que el enemigo tiene para los ataques que está planificando en contra tuya para entonces hacer una especie de inventario interno y conocer qué tienes para la defensa de ese ataque y un contragolpe. Por eso es fundamental para el nivel de autoridad, la importancia que le brindas a la estrategia de la guerra espiritual porque de alguna forma puedo decir que de ahí depende tu supervivencia.

Obviamente que tu vida depende de Dios, pero si El está permitiendo un entrenamiento intensivo para que aprendas cada día más lo referente a guerra espiritual, también debes esforzarte por asimilarlo al 100% y no dejar caer a tierra ni una sola instrucción de Dios porque todo lo que El te enseñe, te servirá.

## ¿Por Qué Tanto Énfasis En Todo Esto?

Como lo habrás visto en otras oportunidades y lo he dicho en repetidas oportunidades; es innegable la existencia paralela del reino de las tinieblas mientras tú estás en el reino de la luz, en el cual todo es posible cuando le crees a Dios que para El no hay imposibles, por consiguiente es menester que tengas fe y que día con día la fortalezcas de acuerdo a las cosas que son necesarias y aprovechando de todo aquello que Dios te provee para que tu fe vaya de aumento en aumento.

Pero entonces, para que alcances el nivel correcto de autoridad y poder enfrentar las batallas adecuadamente; también debes aprender y recordar que en la Epístola a los Efesios, en el capítulo 6 se describen, desde el punto de vista militar de guerra espiritual, 4 niveles de autoridad de las tinieblas y aunque son únicos, necesitas conocer con qué están conectados, por ejemplo, cuando me refiero a principados, en el ámbito militar espiritual, tiene otra conexión para que cada uno haga su trabajo y es precisamente eso lo que les ha funcionado, la organización que Satanás les ha enseñado, obviamente como una copia de lo que ve hacer a Dios porque el diablo no es creador de nada.

Después está el nivel de gobernador el cual también debes conocer con qué está conectado, así mismo la autoridad y huestes que son cadenas de operación que existen en el mundo espiritual; porque todos, siendo cabezas principales, tienen una operación muy extensa por lo que se valen de otras potestades. Por eso, si le brindas la importancia necesaria a lo que es fundamental para la victoria, en ese principio es donde obtienes los niveles de autoridad, en caso contrario la consecuencia será que no tendrás como enfrentar esas potestades cuando tengas que batallar.

Dicho de otra manera, si crees en lo que estás siendo capacitado, le brindarás la importancia necesaria y eso te llevará a que defiendas una posición espiritual de donde dependerá tu supervivencia en ese mismo ámbito; obviamente, tu vida depende de Dios, pero debes trabajar en lo que a ti respecta haciendo lo posible, porque Dios hará lo imposible.

Observa el siguiente versículo que utilizaré como introducción en este capítulo:

**Efesios 6:12 (ECR)** Porque no tenemos **lucha** simplemente contra sangre y carne, sino contra principados, contra potestades, contra los gobernadores del mundo de las tinieblas, contra ejércitos espirituales de maldad en **dimensiones celestiales**.

**LUCHA G3823 PALE**, lucha cuerpo a cuerpo, del conflicto espiritual en el que se hallan inmersos los creyentes. De ahí viene la palabra **PALESTRA**.

Este versículo dice claramente que a causa de la lucha que tienes, se hace necesario el entrenamiento en las escuelas de lucha espiritual, lo cual no es más que la palestra; de ahí es de donde se origina la analogía que realiza el Apóstol Pablo sobre la armadura de Dios en el creyente como tú.

Ahora observa otro versículo, pero en el Antiguo Testamento para que veas la importancia que tiene la guerra espiritual y que no dejes pasar tu entrenamiento como algo trivial, sino que te enfoques en alcanzar el propósito por el cual estás teniendo esta bendición a tu alcance:

**1 Crónicas 12:8** También de los de Gad se unieron a David, estando en la fortaleza en el desierto, muy valientes hombres de guerra para pelear, puestos en orden con escudo y pavés; sus rostros como rostros de leones, y ligeros como las cabras monteses.

Es interesante ver la forma en que la Biblia describe este tipo de guerreros desplazándose por las montañas como cabras monteses, al punto que figuraban una metamorfosis a rostros de leones porque eran aguerridos en batalla, esto era producto de un carácter combativo en ellos porque consideraban muy en serio lo que hacían y por lo que habían sido llamados.

A partir del versículo 9, observas el orden de cómo ellos se reconocían en niveles de autoridad:

**1 Crónicas 12:9-13** Ezer era el capitán, Obadías el segundo, Eliab el tercero, **10** Mismana el cuarto, Jeremías el quinto, **11** Atai el sexto, Eliel el séptimo, **12** Johanán el octavo, Elzabad el noveno, **13** Jeremías el décimo, Macbanai el undécimo.

Ahora observa esta misma cita, en otra versión de la Biblia:

**1 Crónicas 12:9-13 (TLA)** Estos son los nombres de esos soldados, **en orden de importancia**: Éser, Abdías, Eliab, Mismaná, Jeremías, Atai, Eliel, Johanán, Elzabad, Jeremías, Macbanai.

Lo que deseo resaltar aquí es que son descritos en orden de importancia.

**1 Crónicas 12:14** Estos fueron capitanes del ejército de los hijos de Gad. El menor de ellos tenía cargo de cien hombres, y el mayor de mil.

Dicho de otra forma: el orden establecido en **1 Crónicas 12:9-13 (TLA)**, fue alcanzado por lo que ellos habían alcanzado como soldados, como guerreros; lo cual a su vez habían logrado como resultado de la importancia que significaba en sus corazones la preparación que habían llevado para ser guerreros; obviamente que en lo que debes enfocarte es en el ámbito espiritual.

Otro punto muy importante es que por la destreza mostrada en batalla, así mismo les eran asignadas las cantidades de soldados a su cargo para que los dirigieran en batalla.

## ¿POR QUÉ ES NECESARIO EL ORDEN EN LA BATALLA?

Primero porque eres hijo de un Dios que es ordenado, también porque Satanás es un imitador y sabe que al tener sus ejércitos debidamente estructurados, podrán avanzar en destrucción del pueblo de Dios si no hay un orden en el cual debes participar.

Cuando hablo de los ejércitos que dirige Satanás, es un reino que tiene milenios de experiencia en guerra espiritual, aunque quizá el mayor éxito alcanzado es cuando la falta de conocimiento de los derechos espirituales se hace presente en la vida de un cristiano, porque al cometer una falta, las tinieblas saben que pueden ejercer movimientos en contra de esa persona porque por eso existe **EL RÉGIMEN JURÍDICO DE LOS DERECHOS ESPIRITUALES**; lo cual está debidamente detallado en el libro que Dios me permitió escribir y que se titula de esa misma forma.

En ese libro puedes encontrar a detalle muchas de las cosas que a veces, sin saber, suceden en tu vida cuando le cedes autoridad al enemigo de tu alma para que se levante en contra tuya y que así entonces Satanás con todo su séquito diabólico, en orden de batalla, te dañen sin que sepas el por qué de las cosas.

Pero el punto que ahora quiero enseñarte es que hay un orden y cuando Satanás sabe que al apegarse a ese orden puede ser más eficiente en sus ataques, entonces lo establece en pos de ganar la batalla, quizá lo logre, pero si asimilas el orden al que debes regirte, estarás en el lugar que te corresponde haciendo de esa manera que la victoria sobre las tinieblas sea inminente porque es Jesús el que va a la cabeza como poderoso gigante, pero debo insistir en que de una buena manera, necesitas darle importancia al equipamiento y reconocer el orden de batalla para hacer que la estrategia en la batalla sea verdaderamente eficiente en el nombre de Jesús.

## DATOS INTERESANTES DEL GUERRERO ROMANO

Ahora bien, en los capítulos anteriores pudiste ver acerca de la preparación de los soldados romanos, se tomaban tan en serio su equipamiento que llegaron a ser un ejército respetable y famoso en su época; se consideraban a sí mismos, hijos del dios Marte, el cual era identificado como el dios de la guerra; los romanos se consideraban casi invencibles, de tal manera que no existía forma de perder la guerra según la ideología que tenían porque su mente y corazón estaba enfocado en su dios llamado el dios de la guerra.

Hoy, tú siendo hijo de Dios, el Único, Verdadero, Soberano, Todopoderoso y además estás incluido dentro de un ámbito familiar porque es tu Dios y Padre, aunque a veces es necesario recibir Sus instrucción en forma de mandato y que debes obedecer por cuanto eres miembro de Sus escuadrones de guerra espiritual; Dios espera que te desempeñes bajo la visión que has recibido de El, por cuanto si Dios es Jehová de los ejércitos, Varón de Guerra y tú eres Su hijo, entonces debes asimilar la idea que también eres guerrero; si Dios nunca ha perdido una sola batalla, hacia eso debes enfocarte en pos de destruir el reino de las tinieblas y que por la espada del Espíritu en la mano de tu corazón, la cual es la palabra de Dios, venzas en el nombre de Jesús.

## REQUISITOS PARA PERTENECER AL EJÉRCITO ROMANO

1. Debía tener 20 años de edad.
2. No se podía retirar hasta haber cumplido con 25 años en el ejército.
3. Debía aceptar como jubilación tierras y dinero, obviamente esto era al final de los 25 años de servicio dentro del ejército (esto vendría a ser a los 45 años de edad aproximadamente).
4. No les permitían casarse porque era considerado distracción.

**5.** Debían reconocer los niveles de autoridad.

Dentro del punto número 5, la Biblia deja la analogía en el ámbito espiritual:

## AUTORIDAD SEGÚN EL ORDEN DE IMPORTANCIA

1. Nivel de unidad (8 espíritus).
2. Nivel de centuria (10 unidades o sea 80 a 100 espíritus).
3. Nivel de una corte (6 centurias o sea 480 a 600 espíritus).
4. Nivel de legión (10 cortes o sea 4,800 espíritus hasta 6,826 – estos eran los que estaban en el hombre que Jesús liberó al llegar a la región de Gadara – Marcos 5:9).
5. Nivel de ejército (arriba de los 6,000 a 10,000 espíritus).

Una vez visto los niveles de autoridad, la pregunta podría ser: **¿en qué nivel de autoridad deseas estar?** Recuerda que esos niveles vienen a ser como los galardones con los que condecoran a una persona en el ejército; si consideró sumamente importante la oportunidad que tuvo para estar en el ejército, tuvo que haber destacado, consecuentemente así fue su galardón. De la misma forma puedo decir que es el nivel de autoridad que puedes alcanzar en el mundo espiritual; será dependiendo de la importancia que le brindes al privilegio que Dios te haya llamado estando en el equipamiento de guerra espiritual.

Quizá la lógica humana te puede llevar a pensar que es mejor tener menos adversarios y que en el primer nivel será más fácil la batalla; pero como en el mundo espiritual es Dios quien permite que haya en tu corazón hambre y sed de las cosas de Dios cada día más; El es quien te permitirá que vayas escalando y será entonces como la luz de la aurora que va de aumento en aumento hasta que el día es perfecto.

De todas las batallas que hayas tenido que enfrentar, en tu caminar cristiano, puedes estar seguro que algo has aprendido; aunque de pronto creas que el enemigo ganó la batalla, al final lo que aprendiste no lo perderás porque fue por experiencia que llegó a ti, nadie te lo comentó, no lo aprendiste en una escuela académica, fue en la vida que Dios te ha permitido tener. Por eso, en la antigüedad, cuando un soldado romano regresaba de la batalla con una herida, ciertamente lo curaban, pero también era puesto de regreso en la palestra para que aprendiera de sus propios errores a consecuencia del área que había dejado descubierta, de tal forma que a la próxima batalla, regresara ileso.

Espiritualmente hablando, puedo decir que esto es aplicado cuando te confías demasiado en algo, crees que tienes dominada cierta área de tu vida cuando la realidad es que siempre es necesario estar a la defensiva, como montando guardia velando que no entre el adversario. El problema es que cuando el diablo observa que te confías demasiado en algo, aprovecha esa situación y por ahí es donde se filtra para entablar una batalla con el propósito de hacerte caer en el pecado, sea cual sea el tipo de pecado, porque al final lo que el enemigo busca es destruirte, no está midiendo tu resistencia o tu fuerza; el diablo llega con el firme propósito de destruirte, por eso debes estar en guardia.

## LA ARMADURA DEL GUERRERO ESPIRITUAL

También es necesario que conozcas cuáles son las piezas de la armadura de Dios porque sin lugar a dudas, el arsenal que Dios te ha entregado, es Su armadura; de tal manera que si logras comprender esa situación como algo verdaderamente prioritario; las demás cosas vendrán a ser como parte del cuidado que le brindas por el arsenal que recibiste de Dios, por ejemplo: parte del arsenal que voy a describir a continuación, pero también está la oración y la suplica, lo cual viene a ser como la última mención y a su vez de la última pieza con la que está compuesta la armadura de Dios.

Por eso el Apóstol Pablo dice, después de mencionar el arsenal de Dios, añade:

**Efesios 6:18 (LBA) Con toda oración y súplica** orad en todo tiempo en el Espíritu, y así, velad con toda perseverancia y súplica por todos los santos…

Puedo ver entonces cómo es que la oración y la suplica es parte del arsenal, viene a ser como una especie de activación para que fluya en lo que Dios la envió. Debes recordar en todo momento que la palabra de Dios tiene un poder inimaginable, por eso es necesario que estés constantemente descontaminándote de toda palabra vana o negativa para entonces tener solvencia para poder decretar, sentenciar y reprender. En ese mismo sentido entonces, cuando estás orando y suplicando después de haberte puesto el arsenal de Dios, debe hacer una vía que no detenga el fluir de la oración.

Por eso mismo, cuando Jesús enseñó principios de guerra espiritual, Sus discípulos debían haberlos asimilado porque cuando intentaron echar fuera demonios, pasaron por alto lo que el Señor les responde:

**Mateo 17:21 (R60)** Pero este género no sale sino con oración y ayuno.

Implícitamente Dios está enseñando que existen otras cosas que están íntimamente relacionadas dentro de lo que es el arsenal al cual tienes acceso; eso me deja ver entonces que la oración no debe ser solamente cuando llega el momento de las comidas o cuando oras por un enfermo; debes ir más allá porque la oración no es un don o como una dadiva de Dios, la oración viene a ser como una disciplina, de tal manera que en la medida que te vas disciplinando de corazón y alcanzas quizá 3 o 4 horas orando, también vas creciendo en oración respecto a los niveles espirituales hasta que experimentas lo siguiente:

1. Oración.
2. Clamor.
3. Gemido.
4. Intercesión.
5. Apelación.

Entonces es necesario tener la facultad, el conocimiento y el respaldo de Dios para poder llegar a una corte celestial en el espíritu, porque también debes recordar que eres un guerrero dimensional, entonces, bajo esa perspectiva, poder llegar a ese nivel y hacer una apelación a favor de otros, pero entonces es necesario que cultives esa práctica o disciplina, porque como ya lo mencioné; no es un don pero sí es parte de tu arsenal.

Observa la cita que menciona la Biblia el arsenal de Dios:

**Efesios 6:14-17 (LBA)** Estad, pues, firmes, CEÑIDA VUESTRA CINTURA CON LA VERDAD, REVESTIDOS CON LA CORAZA DE LA JUSTICIA, <sup>15</sup> y calzados LOS PIES CON EL APRESTO DEL EVANGELIO DE LA PAZ; <sup>16</sup> en todo, tomando el escudo de la fe con el que podréis apagar todos los dardos encendidos del maligno. <sup>17</sup> Tomad también el YELMO DE LA SALVACIÓN, y la espada del Espíritu que es la palabra de Dios.

Ahora te mostraré una comparación de las cada una de las partes que cuida la armadura de Dios, las cuales son igualmente arsenales en tu cuerpo natural, forman parte de tu anatomía, pero con poder espiritual lo cual tiene un nivel más alto que lo natural:

1. Calzado / Caminar.
2. Coraza / Corazón.
3. Yelmo / Mente.
4. Escudo / Brazo izquierdo.
5. Cinto / Lomos o cintura.

**6.** Espada / Mano derecha.

Con esto puedo ver entonces que tus pies tienen poder para aplastar toda obra de las tinieblas; que tu corazón es mejor de aquello que pueda haber en tu mente, aunque eso no significa que tu mente no sea guardada, porque la diferencia entre la mente y el corazón, es que cuando llega a la mente una situación, tiene la opción de aplicar la lógica humana bajo principios divinos que haya aprendido y que si se deja guiar por el espíritu humano, el cual debe estar en sintonía con el Espíritu Santo; entonces tendrá una buena elección sobre lo que debe hacer.

Por eso, si la mente no está ajustada al mover del espíritu, puede desviar tu vida; mientras que el corazón no es optativo sobre las decisiones que debe tomar, el corazón solamente recibe y actúa bajo el impacto del Espíritu Santo, obviamente que para eso debe estar revestido con la armadura de Dios para que sea espiritual. También puedes ver que está en acción el brazo izquierdo, los lomos o cintura y la mano derecha, cada elemento del cuerpo humano tiene una función importante en el ámbito natural, más aun en las esferas espirituales porque como ya lo mencioné; lo espiritual tiene un grado más alto que lo natural.

Quiero añadir que, ninguna de las partes de la armadura de Dios se debe considerar como débil ante las otras, sino que todas tienen una fortaleza de parte de Dios con una función específica; tampoco puedes ver la armadura de forma supersticiosa, con temor y temblor reverente a Dios; debes verla en forma mística; aunque esa es una palabra un tanto delicada al referirla porque de pronto alguien puede caer en misticismo radical.

Por eso, al referirme en el sentido correcto y bajo el equilibrio necesario de la palabra místico, estoy diciendo que lo místico es algo que tiene poder espiritual, pero no estoy diciendo que lo esté espiritualizando, sino que tiene poder espiritual porque Dios así lo estableció y consecuentemente es para practicarlo, ese es el equilibrio de lo místico: espiritual y práctico a la vez por eso obedece a la voz de Dios en todo momento, de tal manera que cuando El dice que te revistas con toda Su armadura, simplemente debes obedecer.

## Las Preguntas Más Importantes De Un Guerrero

En el corazón de un guerrero dimensional, debe existir la interrogante ante algunas cosas importantes que harás, por lo menos considero que son 6 preguntas importantes en orden de tu preparación:

### 1. ¿POR QUÉ ES GUERRA ESPIRITUAL?

    **a.** Porque tiene que ver con Satanás.

    **b.** Porque está relacionado con espíritus inmundos y/o demonios.

    **c.** Porque hay batalla con fuerzas invisibles que se oponen.

    **d.** Porque también intervienen batallas de la carne.

Ante la interrogante, tuve por mucho tiempo esas 4 respuestas, sin embargo cuando lees con detenimiento la Biblia en los versículos concernientes a guerra espiritual, puedes ver la siguiente paráfrasis obtenida de **Efesios 6:12.**

**Guerra espiritual son confrontaciones con entidades invisibles de las regiones dimensionales de las tinieblas que intentan imponer su autoridad y poder en el mundo y en la vida de las personas.**

Por eso Dios permite que haya niveles de autoridad, para que tengas el poder de confrontar esas entidades. De aquí entonces la razón por la cual en la Tierra no existe ninguna organización que tenga el poder y autorización para detener huestes de las tinieblas. Quien tiene esa autoridad de parte de Dios es la Iglesia de Cristo la cual no es una organización, sino un organismo el cual está compuesto por hombres y mujeres con la vida de Dios, con el nombre de Jesús en sus corazones, con el poder de Su sangre y el respaldo del Espíritu Santo.

**También puedo decir entonces que guerra espiritual es el proyecto de Satanás, enfocada en afectar el cuerpo, el alma hasta llegar al espíritu humano; la guerra espiritual es llamada así pero no solamente porque esté relacionada con el espíritu**, tampoco estoy espiritualizando esa operación; lo que debes ver entonces es que la guerra espiritual está enfocada en afectar a toda persona, sea inconversa o cristiana; principalmente si pertenece al pueblo de Dios, a la Iglesia de Cristo para hacerle cambiar su forma de pensar y regresarlo al mundo.

Por eso puedes ver la importancia con la que resalta la Biblia el buscar la descontaminación de la carne y el espíritu:

**2 Corintios 7:1 (R60)** Así que, amados, puesto que tenemos tales promesas, **limpiémonos de toda contaminación de carne y de espíritu**, perfeccionando la santidad en el temor de Dios.

El espíritu puede contaminarse, aunque es la parte más profunda de tu ser, aun hasta ahí puede llegar la contaminación que lanza Satanás en contra tuya, porque cuando lo hace, primero busca afectar el cuerpo, encender los deseos de la carne quizá por la vista cuando aun no se ha desarraigado la ley en los miembros; entonces llega al alma lanzando darnos encendidos de lujuria a la mente; una vez el cuerpo está presto y el alma dispuesta a deleitarse en el pecado; el espíritu humano está desprotegido.

De aquí entonces la importancia por la descontaminación en general para que en el primer intento de Satanás, haya resistencia desde el cuerpo, de tal manera que cuando eso sucede es porque ya el cuerpo fue descontaminado y busca una verdadera consagración; Dios ve esa situación y está fortaleciendo el cuerpo con el propósito que ese ataque no llegue hasta el espíritu humano porque El ha invertido en ti al punto que eres considerado templo del Espíritu Santo, por lo tanto puedes comprender que seguirá trabajando en ti día con día hasta perfeccionarte aun en medio de las batallas que, en la medida que busques a Dios, te fortalecerá porque siendo un guerrero dimensional, seguirás siendo victorioso en Cristo Jesús.

Recuerda que para Dios es valiosa toda tu vida, pero sobre sale lo que está en tu interior, ¿por qué?

**2 Corintios 4:16 (LBA)** Por tanto no desfallecemos, antes bien, aunque nuestro hombre exterior va decayendo, sin embargo **nuestro hombre interior se renueva de día en día**.

Por eso, la guerra espiritual que dirige Satanás, está dirigida a reconquistar el espíritu humano; de ahí lo importantísimo que puede significar la atención que le brindes al equipamiento del cual Dios te está llamando, es de suma importancia que asimiles todo lo que está escrito en este libro y en toda la serie de libros de equipamiento ministerial, con el propósito que Satanás no te vea como un candidato a ser presa fácil, sino que al verte, lo haga temiendo que puede perder la batalla en el momento de enfrentarte, principalmente porque eres hijo de aquel a quien la Biblia llama: **VARÓN DE GUERRA**, o sea, **JEHOVÁ DE LOS EJÉRCITOS**.

De alguna forma puedo decir que todo lo que hoy eres, es gracias a Dios, aun el fuerte carácter que puedas tener, Dios lo reprogramará para que te levantes en el nombre de Jesús y seas todo un guerrero dimensional desenmascarando las obras infructuosas de las tinieblas y que por donde vayas, los demonios tiemblen sabiendo que eres hijo del Dios que nunca ha perdido una sola batalla.

La siguiente interrogante de un guerrero dimensional, es la siguiente:

## 2. ¿CUÁLES SON LAS ARMAS DEL ENEMIGO?

**Efesios 6:16 (LBA)** ...en todo, tomando el escudo de la fe con el que podréis apagar todos los **dardos encendidos** del maligno.

Resalté que son dardos encendidos, porque al enemigo no le basta una sola cosa, recuerda que el diablo busca destruirte por completo porque en tal caso, serías un elemento menos al que debe enfrentarse o alguien menos en su lista que le ocasionará problemas. Por eso es importante que tengas siempre el escudo de la fe en Cristo Jesús; de aquí entonces la importancia de alimentar tu fe porque así como en la antigüedad el soldado romano tenía un escudo que lo cubría casi todo, eso incluía todas las demás partes de su armadura.

Eso me deja ver que cuando el enemigo lanza sus dardos encendidos, deben ser apagados por el escudo de la fe para que no lleguen a la mente a debilitar lo que Dios te ha prometido; es la mente entonces uno de los campos de batalla donde se usa el arsenal, ¿por qué?

    **a.** La verdadera batalla es en la mente.

    **b.** El campo de la batalla es la mente.

    **c.** Consecuentemente los pensamientos son el campo de la batalla, por eso está íntimamente relacionado con lo que piensas, para que después mentalmente quedes atrapado con un impacto negativo, con un miedo infundado, con un fracaso realizado y que ese pensamiento quede encerrado para que entre en un proceso cíclico pensando en el fracaso, en la derrota, el miedo, etc., dependiendo de lo que haya establecido el dardo encendido.

    **d.** Las fortalezas son mentales, por eso debes cuidar ese campo de batalla.

## 3. ¿QUIÉN ES EL OPONENTE?

La respuesta es en base a lo que dice **Efesios 6:11**; el diablo es tu mayor oponente.

### 4. ¿CUÁL ES EL ARSENAL DEL CREYENTE?

La respuesta está en el mismo versículo de **Efesios 6:11**, donde se expone toda la armadura de Dios.

### 5. ¿CÓMO SE ACTIVAN LAS ARMAS?

**Efesios 6:13 (LBA)** Por tanto, **tomad toda la armadura de Dios**, para que podáis resistir en el día malo, y habiéndolo hecho todo, estar firmes.

Esto lo que significa es que debes tomar la armadura y ponértela, es un acto en el cual debes tomar iniciativa, por eso tú, siendo creyente, si deseas sentirte seguro que sobrevivirás en medio de cualquier ataque de las tinieblas, debes estar vestido de la armadura de Dios; por lo tanto tómala y vístete por la fe y por el espíritu porque una vez tienes la armadura, te revelan cuál es tu posición de batalla.

### 6. ¿CUÁL ES LA POSICIÓN DEL CREYENTE?

**Efesios 2:6 (LBA)** ...y con Él *nos* sentó en los *lugares* celestiales en Cristo Jesús...

Esa es tu conexión, tu esperanza, tu promesa, tu verdad, tu fundamento; estás sentado con El, pero cuando tomas la armadura, te posicionan en el terreno de la batalla porque Dios confía en ti, en caso contrario no te llevaría a que pelearas contra el enemigo, El confía en que has asimilado todo lo que te ha enseñado y que has podido aprenderlo para entonces ponerlo en práctica, porque una vez que tienes la armadura, puedes recibir una delegación de parte de Dios en cualquier momento para salir a la batalla a favor tuyo, de tu propia familia, de la congregación, por el sector donde vives y aun más, por la nación donde Dios te permitió nacer biológicamente y por el reino de Dios porque el reino se hace fuerte y solamente los valientes lo arrebatan; esa es tu posición.

Con la armadura debidamente ajustada, no tendrás tiempo para cosas vanas, no llegará el aburrimiento a tu vida porque la realidad de las cosas es que hay mucho trabajo en la obra de Dios.

## Las Cosas Más Importantes Para La Batalla

Una vez que tuviste el entrenamiento adecuado, viene el momento donde podrás probarte a ti mismo qué tanta importancia tuvo lo que te enseñaron, es donde empieza el proceso de lo siguiente:

## 1. LA ENCOMIENDA PARA EL GUERRERO DIMENSIONAL

Esto es fortalecerse en la habilidad de Dios.

**Efesios 6:10-11 (LBA)** Por lo demás, fortaleceos en el Señor y en el poder de su fuerza. **11** Revestíos con toda la armadura de Dios para que podáis estar firmes contra las insidias del diablo.

David escribió un Salmo diciendo:

**Salmos 144:1 (LBA)** *Salmo de David.* Bendito sea el SEÑOR, mi roca, que adiestra mis manos para la guerra, *y* mis dedos para la batalla.

Debes saber que cuando Dios te habilita en lo que es guerra espiritual y en todo lo que El tenga dispuesto que debes alcanzar; es el Señor quien lo hace, no estoy diciendo que las universidades del mundo no enseñen; quizá ellos tengan el mejor conocimiento académico pero quien te habilitará es Dios porque es por el Espíritu Santo que serás guiado a lo que debes hacer en tu calidad de guerrero dimensional porque así como lo hizo con David, lo hará también contigo adiestrando tus manos para la batalla porque El es el mejor maestro que puede existir hoy, ayer y por siempre.

Con lo que estoy trasladándote, debes saber que si Dios te habilita, si es El quien está confiando en que podrás resolver todo lo que te quiera encomendar; es porque llevas delegada Su autoridad, por consiguiente no existe enemigo que pueda enfrentarte, es más, podrás hacerlos retroceder porque la palabra de Dios en tu corazón es la que vale y si El te ha dicho que eres un guerrero dimensional, es porque entonces librarás batallas donde nunca lo imaginaste, solamente debes apegarte a Su palabra, creerle que ya tienes la victoria porque vas en el nombre de Jesús.

Por eso, cuando el diablo pretenda detenerte para hacer dudar de lo que llevas en tu corazón y cuestionarte con qué lo detendrás; dile que la espada de la palabra del Espíritu que llevas en tu corazón es la que pondrás en práctica como buen soldado y delegado por Dios. Porque cuando llevas una verdadera delegación, es como si Dios mismo estuviera enfrentando los enemigos que están frente a ti. Dios puede hacerlo, pero te está cediendo el privilegio que pongas en práctica lo que has aprendido, pero considera que esa práctica no es un ejercicio para saber qué tanto has aprendido, ¿aprendiste?, entonces debes salir a la batalla en el nombre de Jesús y volverás victorioso.

## 2. EL DESAFÍO DEL GUERRERO DIMENSIONAL

El desafío es que te vistas con la armadura de Dios, es considerado desafío porque es una decisión muy personal, en ningún momento te forzará el Señor. En **Efesios 6:11** dice la Biblia a través del Apóstol Pablo que, **debes revestirte con toda la armadura de Dios**. Lo interesante es que el Apóstol Pablo en ese momento estaba encarcelado y desde ahí les envía la instrucción, diciéndoles también que no se preocuparan por él para que estuviera bien ajustada la armadura y así entonces salieran a la batalla para pelear las guerras de Jehová.

Debes cumplir con el llamado que Dios te está haciendo, sabiendo que al estar revestido de la armadura de Dios, estás enlistado en el ejército de Dios para salir a librar cualquier batalla, por eso es importante que estés debidamente preparado en todo tiempo para que en tu historia se cuente de cabezas de entidades que hayan caído, que puedas decir con toda convicción que has expulsado espíritus inmundos, demonios, etc.

Cuando David se enfrentó a Goliat, primero lo quisieron desanimar diciendo que se enfrentaría a un gigante siendo él un jovencito, era tan joven que la armadura de los hombres no podía sostener, sin embargo a esas alturas de su vida, David ya tenía historia porque cuando cuidaba las ovejas de su papá, tuvo que pelear con osos y con leones matándolos con la mano desnuda para rescatar las ovejas que quisieron robarle; ese respaldo que Dios le había brindado, fue como la palestra para el día en que se enfrentaría contra Goliat.

David alcanzó la estatura de guerrero dimensional, en lo privado, sin que otros admiraran lo que hacía para defender lo que le habían encomendado, David lo hacia y podía lograr su propósito porque Jehová estaba con él. Goliat representaba la cabeza federal de un ejército enemigo, de tal manera que al derrotar a Goliat, estaba derrotando a todo aquel ejército y le ministraría confianza a sus hermanos para que no se acobardaran sino que, se levantaran para destruir a los filisteos por el poder de Jehová de los ejércitos en ellos.

Hoy es la oportunidad de levantarte en el nombre de Jesús para defender tu vida y la vida de tu familia, congregación, ciudad, país, inclusive continente; debes responderle a Dios que eres Su siervo y Su guerrero porque eres hijo de Dios, pero también eres Su siervo; el deseo de Dios es verte en la batalla y que salgas victorioso en el nombre de Jesús defendiendo a los tuyos, pero recuerda que si algo has logrado es porque Dios te tiene en Su mano poderosa, no lo olvides para que nunca se aparte de ti el Espíritu Santo.

Trabaja en lo secreto, donde solamente está Dios y tú, aunque eso es más que suficiente; pero donde solamente Dios te ve, donde El tiene Sus ojos puestos en ti en todo momento vigilando que nada malo te ocurra y lleva la convicción que estarás agradando el corazón de Dios. Llegará el momento en que Dios permitirá que todos los tuyos sabrán de tus victorias, lo cual provocará fama quizá, pero ya a esas alturas de la historia no te dañará la fama porque tu prioridad ha sido agradar a Dios obedeciéndolo con amor.

Tu historia será conocida en el reino de las tinieblas porque tendrán un aviso para que se alejen del lugar donde tu estás porque el Espíritu Santo está contigo, es quien te adiestra para la batalla, entonces los demonios huirán de ti por la presencia de Dios que está sobre ti, eso no lo olvides nunca, todo es por la presencia de Dios en ti; vive este versículo en tu corazón:

**Salmos 115:1 (NTV)** No a nosotros, oh SEÑOR, no a nosotros sino a tu nombre le corresponde toda la gloria, por tu amor inagotable y tu fidelidad.

### 3. EL CONFLICTO DEL GUERRERO DIMENSIONAL

Esto es la lucha contra las fuerzas demoníacas.

**Efesios 6:12 (LBA)** Porque nuestra lucha no es contra sangre y carne, sino contra principados, contra potestades, contra los poderes de este mundo de tinieblas, contra las *huestes* espirituales de maldad en las *regiones* celestes.

### 4. EL MANDATO AL GUERRERO DIMENSIONAL

Resistir y continuar firme durante el combate.

**Efesios 6:13 (NTV)** Por lo tanto, pónganse todas las piezas de la armadura de Dios para poder resistir al enemigo en el tiempo del mal. Así, después de la batalla, todavía seguirán de pie, firmes.

Otro versículo que debes considerar aquí este:

**Santiago 4:7 (LBA)** Por tanto, someteos a Dios. Resistid, pues, al diablo y huirá de vosotros.

La forma de resistir un ataque es teniendo toda la armadura de Dios.

## Las Estrategias De Lucha Del Creyente En Tiempo Final

## LAS BATALLAS MAYORES DE TODO CRISTIANO

Recuerda que los ataques de Satanás, no siempre vendrán acompañados de tensión, gritos, vana palabrería o todo lo que puedas ver en una película, porque en tal caso eso permitiría que todo cristiano esté a la defensiva sabiendo que una guerra llegará con aviso. Una batalla lanzada por Satanás es llevando a tu vida todo tipo de tentaciones con el propósito de hacerte pecar y entonces generar a su favor los derechos del régimen espiritual y así cambiar su estrategia, ya no por medio de tentaciones de pecado, sino de una forma que pueda parecer guerra literal personalizada a tu vida.

Entonces existen 3 pasos que debes considerar para seguir firme en lo que Dios te ha llamado:

**1.** Abstenerte de pecar.

**2.** Continuar en la fe.
**3.** Alcanzar las promesas.

Empezaré explicando que el mayor desafío que tendrá una persona será lo que llamo: **el desafío del pecado**, considerando con esto las 3 categorías del pecado.

**1 Juan 2:16 (LBA)** Porque todo lo que hay en el mundo, **la pasión de la carne, la pasión de los ojos y la arrogancia de la vida**, no proviene del Padre, sino del mundo.

**1. La pasión de la carne.**
Crea las brechas para satisfacer el pecado de los deseos de la carne.

**2. La pasión de los ojos.**
Crea brechas de pecado viendo cosas prohibidas o tentadoras.

**3. La soberbia de la vida.**
Crea brechas de pecado a través del orgullo (el pecado de Satanás descrito en **Ezequiel 28:17**).

Haré una separación acerca de los pecados que de alguna forma atacan más al cristiano, aunque todos los pecados y tentaciones las utiliza Satanás para destruirte, pero por la razón que tiene esquemas históricos de cada uno, tiene alguna facilidad para saber qué lanzar para que haga mayor daño.

## LOS PECADOS DEL MUNDO

**Apocalipsis 9:20-21 (LBA)** Y el resto de la humanidad, los que no fueron muertos por estas plagas, no se arrepintieron de las obras de sus manos ni dejaron de adorar a los demonios y a los ídolos de oro, de plata, de bronce, de piedra y de madera, que no pueden ver ni oír ni andar; **21** y no se arrepintieron de sus homicidios ni de sus hechicerías ni de su inmoralidad ni de sus robos.

- Obras de sus manos.
- Culto a los demonios.
- Idolatría (falsas religiones).
- Homicidios.
- Hechicerías (Pharmakia = drogadicción global, drogas legales o ilegales).
- Inmoralidad (pecados sexuales).
- Robos.

Todo esto es en lo que el mundo se ve envuelto de una forma deliberada porque es parte del sistema mundo que los tiene envueltos de forma engañosa. Ahora observa lo siguiente:

## LOS PECADOS DE LA IGLESIA

Aunque pueden haber más, estos son los que predominan actualmente:

1. La falta de perdón: **Marcos 11:25-26** (perdonar para ser perdonado).
2. Amargura: **Hebreos 12:15** (amargura que contamina a otros).
3. Contiendas: **Santiago 3:16**.
4. Celos o envidias: **Santiago 3:16**.
5. Ira y enojos: **Efesios 4:31**.
6. Calumnias: **Efesios 4:31** (pecados de la lengua: murmuración etc.).
7. Incredulidad: **Hebreos 3:12**.
8. Inmoralidad sexual: **Efesios 5:3**.

De tal manera que si bien es cierto, Satanás tiene un esquema individual de las tinieblas para cada persona, también sabe que en términos generales, estos 8 diferentes tipos de pecado son con los que puede atacar a cada cristiano para obtener su propósito.

## El Arsenal De Satanás

Hablaré de las 2 armas principales que Satanás usa en general en todo el mundo sobre la vida del creyente. Primero es necesario entender el significado de la ley de la primera mención:

## LA LEY DE LA PRIMERA MENCIÓN

Es cuando se hace mención de una cosa por primera vez en las escrituras y se convierte en el patrón de las siguientes menciones, por ejemplo:

## CUESTIONAR LO QUE DIOS DICE

**Génesis 3:1 (LBA)** Y la serpiente era más astuta que cualquiera de los animales del campo que el SEÑOR Dios había hecho. Y dijo a la mujer: **¿Conque Dios os ha dicho**: "No comeréis de ningún árbol del huerto"?

Lo que dejé resaltado es la primera pregunta que aparece en la Biblia y de esa manera es como Satanás siempre lleva a que los creyentes cuestionen la palabra de Dios.

La estrategia de Satanás es preguntar, cuestionando la verdad de Dios para crear confusión.

Por ejemplo:

1. ¿Por qué le pasan cosas negativas a la gente buena?
2. ¿Por qué mis papas se divorciaron?
3. ¿Por que hay niños que no han hecho nada malo y los abortan?, etc.

## MENTIR ACERCA DE LAS CONSECUENCIAS

**Génesis 3:4 (LBA)** Y la serpiente dijo a la mujer: **Ciertamente no moriréis.**

Lo siguiente que Satanás usa es la mentira, por eso es padre de toda mentira; su estrategia se basa en respuestas engañosas que pueden crear mentiras, dudas e incredulidad en tu nivel de fe, por ejemplo:

1. No te va a pasar nada si desobedeces.
2. Nadie lo va a saber.
3. Una sola vez que hagas lo malo no es pecado.

## LO PRINCIPAL DEL

## ARSENAL DE SATANÁS

Cuestionar lo que Dios te ha dicho o decirte que si caminas en desobediencia y te alejas de El, no habrá consecuencias que lamentar y que no te preocupes por nada.

## El Arsenal Del Guerrero Dimensional

## PRINCIPIO DEL ARSENAL DIMENSIONAL

Este principio lo puedo explicar de una forma muy directa de la siguiente forma:

1. La liberación te hace libre.

2. La disciplina te mantiene libre.

Dios puede hacer imposibles, de tal manera que El te hace libre, rompe cadenas, abre el cerrojo de la puerta de la cárcel, etc., pero dependerá de tu disciplina para mantenerte libre, porque en el mundo espiritual, los espíritus tienen mentalidad cíclica, de tal manera que según él, puede volver a la casa de la cual lo echaron fuera y pretende regresar con 7 espíritus peores; de tal manera que si no hay una disciplina para mantener la libertad, si no llenas ese espacio con la presencia de Dios, el espíritu inmundo volverá a ocuparla.

## EL PRIMER ARSENAL PRÁCTICO:

**Efesios 6:17 (LBA)** Tomad también el **YELMO DE LA SALVACIÓN**...

Esta salvación no es cuando aceptas a Jesús como tu Señor y Salvador; esta salvación es que seas libre de ataques, peligros, acechanzas, sorpresas de las tinieblas, trampas; te salva de cualquier contragolpe que el enemigo pretenda lanzar. El yelmo de la salvación te libra de las 5 fortalezas mentales que Satanás establece. Con esto debo añadir que la guerra espiritual se gana antes de haberla iniciado, porque la batalla inicia en la mente, si ganas la batalla en la mente estás alimentando de alguna forma tu fe, pero si pierdes esa batalla, estás aceptando de forma anticipada la derrota.

El yelmo de la salvación te habla de un cambio de actitud, cambiar la manera de pensar.

**1.** Esto es un arsenal contra Satanás y se vuelve arma defensiva y ofensiva.

**2.** Esto es el poder que tienes cuando tu mente no le ayuda a Satanás, sino a ti mismo y al reino de Dios.

**3.** Si hubiere una posibilidad en que Satanás entre en tu mente, lo encontrará minado por el cambio de actitud.

## TRANSFORMAR LA MENTE PARA LA BATALLA

Otro punto que debes saber es que el yelmo solamente tiene una medida la cual es cuando encuentra una mente transformada.

**Romanos 12:2 (LBA)** Y no os adaptéis a este mundo, sino transformaos mediante la renovación de vuestra mente, para que verifiquéis cuál es la voluntad de Dios: lo que es bueno, aceptable y perfecto.

El principio para que tengas la medida del yelmo es que, de las derrotas y fracasos, vas hacia la victoria porque de tus errores, fallas y pecados de todo eso con la conciencia de arrepentimiento total y genuino, te levantas en el nombre de Jesús rumbo a la victoria, por eso dice la Biblia:

**Filipenses 4:13 (LBA)** Todo lo puedo en Cristo que me **fortalece**.

Esta palabra es traducida de un griego clásico y significa:

**Hacerte fuerte (G1743 endunamóo).**

Es decir la fuerza esta ahí, pero tu tienes que hacer que venga a ti, por eso no puedes estar viviendo de las derrotas pasadas y con miedo a que todo se repita. La palabra **FORTALECE**, cuando la estudias con más detenimiento, puedes ver que tiene la idea como si Dios minara algo que El mismo ha fortalecido. Por eso, una de las cosas que Satanás no soporta es la resistencia en el cristiano, porque sabe que hallará inmunidad contra todo ataque de las tinieblas.

## ¿POR QUÉ DEBES CAMBIAR TU FORMA DE PENSAR?

**Proverbios 24:10 (LBA)** Si eres débil en día de angustia, tu fuerza es limitada.

Si en determinado momento tienes el deseo de pelear pero te sientes débil, es mejor que no salgas a la batalla porque vas a ser derrotado.

## RENOVAR LA MENTE PARA LA BATALLA

**Efesios 4:22-23 (LBA)** ...que en cuanto a vuestra anterior manera de vivir, **os despojéis del viejo hombre**, que se corrompe según los deseos engañosos, <sup>23</sup> y que seáis **renovados en el espíritu de vuestra mente**...

Renovar la actitud tiene un significado en el idioma griego, que te lleva a hacer la mente de nuevo, consecuentemente desarraigar de la mente toda derrota, fracaso, todo aquello negativo para entonces darle lugar a todas las cosas que vienen de Dios lo cual es para formarte como un guerrero dimensional; esto en definitiva, te llevará a un cambio en tu forma de hablar porque lo que piensas es lo que hablas, en la mente es donde se formulan tus palabras.

## ¿CÓMO HABLAS CUANDO TIENES UNA MENTE RENOVADA?

De esta forma:

**Joel 3:10 (LBA)** Forjad espadas de vuestras rejas de arado y lanzas de vuestras podaderas; **diga el débil: Fuerte soy**.

**2 Corintios 12:10 (LBA)** Por eso me complazco en *las* debilidades, en insultos, en privaciones, en persecuciones y en angustias por amor a Cristo; **porque cuando soy débil, entonces soy fuerte**.

**Hebreos 11:34 (LBA)** apagaron la violencia del fuego, escaparon del filo de la espada; **siendo débiles, fueron hechos fuertes**, se hicieron poderosos en la guerra, pusieron en fuga a ejércitos extranjeros.

## LA MENTALIDAD DEL GUERRERO Y SU AUTORIDAD

Una vez que cambias tu forma de pensar, logras asimilar el poder de la autoridad cuando la pronuncias, por ejemplo:

**Mateo 8:8-9 (LBA)** Pero el centurión respondió y dijo: Señor, no soy digno de que entres bajo mi techo; mas **solamente di la palabra** y mi criado quedará sano. ⁹ Porque yo también soy hombre bajo autoridad, con soldados a mis órdenes; y digo a éste: "Ve", y va; y al otro: "Ven", y viene; y a mi siervo: "Haz esto", y *lo* hace.

Si un soldado romano pudo tener el entendimiento acerca del poder en la autoridad; cuánto más tú que eres un guerrero dimensional tendrás un poder igualmente dimensional, no solamente para ejercerlo en la Tierra, sino en las esferas celestiales porque eres de las huestes dimensionales de Dios.

**2 Timoteo 1:7 (LBA)** Porque no nos ha dado Dios espíritu de cobardía, sino de poder, de amor y de **dominio propio**.

Este mismo versículo en la Biblia King James, lo dice de la siguiente forma:

**2 Timoteo 1:7 (KJV)** For God hath not given us the spirit of fear; but of power, and of love, and of a **sound mind**.

La frase **SOUND MIND**, es un término psiquiátrico que significa **SALUD MENTAL**.

La frase **DOMINIO PROPIO**, significa **MENTE DISCIPLINADA** o **EN SU JUICIO CABAL**.

Todo esto lo que te enseña es es que el **YELMO DE LA SALVACIÓN**, no solamente te protege, sino que sana toda memoria negativa que esté produciendo heridas sangrantes y que por eso no puedas avanzar hacia el supremo llamamiento de Dios; estás adquiriendo entonces una mente sana y equilibrada porque es elemental para pelear las batallas.

## La Fortaleza Mental

Esto lleva 5 puntos importantes que debes considerar:

**1.** Un pensamiento cautivo significa que, no puedes olvidar.

## BATALLAS MENTALES CÍCLICAS

No es fácil definir lo que son las batallas cíclicas, pero puedo ejemplificarlo de la siguiente forma:

- Problemas que en vez de resolverse, empeoran.
- Un problema que crea otro.
- Causa y efecto, etc.

## LOS MALOS PENSAMIENTOS

- Cuando las batallas del pasado aun te producen mucho dolor e insatisfacción y se repiten las conductas, es porque estás atrapado en lo **NO RESUELTO** del pasado, dándole lugar a los malos pensamientos que te llevan a lo siguiente:

**a)** Malos hábitos (gimnasia).
**b)** Malas costumbres.
**c)** Mal carácter.
**d)** Malas actitudes.
**e)** Malas relaciones.
**f)** Malas decisiones.
**g)** Malos recuerdos.
**h)** Malos pensamientos.

**2.** Un pensamiento cautivo te lleva hacer más grande el problema.

**MAGNIFICARLO**

Un problema que tiene solución, podrías estar viéndolo como algo irreparable.

Por ejemplo:

- De esto no saldré… no hay salida… es el fin de todo esto…

**Números 13:32-33 (LBA)** Y dieron un mal informe a los hijos de Israel de la tierra que habían reconocido, diciendo: La tierra por la que hemos ido para reconocerla es una tierra que devora a sus habitantes, y toda la gente que vimos en ella son hombres de *gran* estatura. **33** Vimos allí también a los gigantes (los hijos de Anac son parte de *la raza de* los gigantes); y a nosotros nos pareció que éramos como langostas; y así parecíamos ante sus ojos.

Hay problemas que la gente resuelve de una forma más práctica que otros, dependerá de ti en el qué grupo deseas estar.

> **3.** Un pensamiento cautivo te hace crear más imágenes negativas.

## PREJUICIOS Y VICTIMIZACIÓN

La creatividad dañada es peligrosa porque te hace crear imágenes en la mente que asegura la **FORTALEZA** en tu mente. Imaginas lo peor, juzgas de manera errada o negativamente, siempre pensando lo que no es real porque lleva creatividad dañada.

**Proverbios 18:11 (LBA)** La fortuna del rico *(el pensamiento cautivo)* es su ciudad fortificada, y como muralla alta en su imaginación.

> **4.** Un pensamiento cautivo te hace crear memorias o recuerdos falsos.

## LA PSEUDO IMAGINACIÓN

Los recuerdos falsos pueden ser producto de la imaginación dañada porque no pierde la capacidad de seguir imaginando, pero lo hace de manera negativa, es decir, puede crear recuerdos falsos o pseudo memoria.

**Génesis 6:5 (LBA)** Y el SEÑOR vio que era mucha la maldad de los hombres en la tierra, y que toda intención de los pensamientos de su corazón era sólo hacer siempre el mal.

5. Un pensamiento cautivo no te permite cambiar tu alma

## LIMITACIONES

Si el alma no cambia, no prospera, de tal manera que esta fortaleza te limita. De aquí entonces que tu fortaleza mental debe ser la que Dios te haya ministrado la cual debes resaltar para no darle espacio a las tinieblas.

# LOS ESPÍRITUS DETRÁS DE LA PALESTRA
(La mentalidad del guerrero)

# Capítulo 4

Cuando tienes la oportunidad de escudriñar la Biblia bajo el impacto del Espíritu Santo, Dios te permite ver muchas más cosas en cada oportunidad que te dispones a buscar y bogar mar adentro en Su palabra, aunque de pronto hayas encontrado muchos tesoros, cuando vuelves a buscar donde encontraste aquello que te produjo mucho gozo, Dios te mostrará las cosas desde otro ángulo con el propósito que amplíes lo que ya tienes; eso mismo es lo que he podido experimentar con los versículos concernientes a guerra espiritual, me refiero más específicamente a la Epístola de los Efesios.

Toda la Biblia es importante, pero de pronto cuando Dios permite que adquieras más conocimiento, también surge una situación en la que brindas más importancia en aquello que tanto amas en el servicio de la obra de Dios, en mi caso es el área militar o de guerra espiritual. De manera que buscando en el Antiguo Testamento, puedo ver libros que enseñan a conocer el carácter de un creyente, especialmente cuando está en tiempos de peligro porque entonces es lo que muestra a encarar situaciones peligrosas.

Un ejemplo lo puedo ver en el libro de Josué; como también lo han mencionado muchos teólogos, es el libro que revela el carácter de un militar espiritual o guerrero dimensional por el tipo de vida que describe en relación precisamente a Josué. Cuando lo lees puedes notar que Dios le había encargado que despojara 7 naciones, las más grandes. En el momento en que estudias esas naciones, resulta que todas tenían gigantes representativos de espíritus o demonios que habían controlado esas regiones.

Pero me llama mucho la atención que en ese libro, cuando te dispones a leerlo bajo una perspectiva militar, puedes notar lo que ahí está escrito, en caso contrario puedes leerlo muchísimas veces y solamente verás datos históricos con nombres de las ciudades que conquistaron, qué reyes derrotaron, cuántos hombres pelearon, etc., eso es lo que describe el libro de Josué; por eso debo insistir que es necesario leer o escudriñar ese libro bajo una perspectiva militar espiritual para que sirva de ayuda en formar tu carácter como hijo de Dios que deseas triunfar en la vida.

Sin embargo, esa situación también tiene crónicas de guerra que continúan después de cierta guerra o que puede continuar en la vida del creyente por cuanto, si eres un guerrero dimensional, tu vida será de conquista tras conquista venciendo a los adversarios que debas enfrentarte. Esto es lo que puedo ver en relación a la guerra espiritual y el Antiguo Testamento de la Biblia, lo cual es sumamente útil; pero cuando veo el Nuevo Testamento, más específicamente la Epístola a los Efesios; una de las 4 epístolas que escribe el Apóstol Pablo mientras es prisionero en Roma; fue su primera epístola escrita alrededor del año 60 y 62 después de Cristo, por supuesto que fue inspiración de Dios.

Per lo interesante de esto es que para ese entonces, según los estudiosos, el Apóstol Pablo estaba custodiado por 2 soldados romanos, uno a cada lado, de tal manera que lo primero que él veía al despertarse cada mañana, eran los custodios.

De ahí es de donde recibe la revelación y comprende claramente el significado de la armadura de los soldados y hace una analogía de la cual bíblicamente se le llama **LA ARMADURA DE DIOS**. Después de haber narrado toda la armadura dice que es necesaria que la tengas, con el propósito de que puedas resistir en el día malo y estar firmes.

Esto lo que hace es que deja un principio: aunque el diablo pueda tener poder, si hay algo a lo que el diablo le huye, es a **la resistencia del creyente**. De tal manera que puedes tener dones, habilidades, capacidades, fama, dinero, etc., pero nada sustituya a la resistencia. Por eso, si la Biblia es el manual donde puedes encontrar todas las instrucciones a tu vida; la Epístola a los Efesios también es para ti, principalmente porque te ha correspondido vivir el tiempo final, eres parte de la ultima generación de creyentes y que consecuentemente estás cercano a la venida secreta del Señor Jesucristo.

Con esto no pretendo infundirte miedo, no estoy diciendo que cierres tus oídos a las malas noticias, pero tampoco debes hacerlas vida en tu corazón, sino que más bien, las malas noticias deben servirte para emparejarlas con la Biblia y poder ubicar el tiempo que estas viviendo; es como un mapa y alguien te brinda instrucciones de lo que debes buscar; una vez que asimilas las instrucciones, puedes encontrar cualquier lugar en el mapa.

Lo mismo sucede con la Biblia, ves o escuchas las malas noticias del mundo y luego buscas en la Biblia dónde encajan esas noticias y verás que todo apuntala a que el Señor Jesucristo viene muy pronto para encontrarse en las nubes con Su Iglesia.

Con todo esto también debes saber que si en el mundo se marca fuertemente el tiempo escatológico, en el pueblo de Dios, la Iglesia del Señor Jesucristo, también tendrá un incremento de batallas; esto no es una amenaza sino una advertencia con el propósito que estés preparado, en realidad eso para ti no debe ser motivo de miedo porque siendo un guerrero dimensional, debes estar preparado en todo momento y si te lo están advirtiendo, debes ceñir más tu entrenamiento para que seas cada vez más diestro.

Alguien podría preguntarse el por qué es guerrero dimensional cuando la realidad es que no le preguntaron si deseaba pertenecer al ejército de Dios. En respuesta a eso puedo decirte que, a partir del momento en que aceptaste a Jesús como tu Señor y Salvador; pasaste a formar parte de una de las huestes celestiales de Dios.

Puedes decir que no puedes ser soldado porque no tienes entrenamiento militar; pero resulta que el Apóstol Pablo tampoco era militar, sin embargo, de los apóstoles en la Biblia, es el que más escribió del carácter militar en un hijo de Dios.

De aquí puedo comprender entonces que el manual militar espiritual que todo cristiano debe asimilar, es la Epístola a los Efesios; además de tener la guianza del Espíritu Santo para tener un carácter miliar espiritual, podrás ver también en qué se basa Dios para delegarte autoridad, aprenderás la forma en que debes activarla y ejercerla; aprenderás a cómo tener una voz de mando de tal manera que las huestes del infierno se sujetarán al decreto que establezcas, porque no lo estarás haciendo en tu nombre, sino en el nombre de Jesús con la autoridad que El te delegó; pero también tendrás a tu favor las huestes angélicas de parte de Dios a las cuales El les ha ordenado que cuando decretes, te respaldes con lo que digas y hagas.

Ahora puedo comprender por la revelación del Espíritu Santo, el por qué la Epístola a los Efesios es la primera, no solamente en orden, sino en importancia, porque después escribe las otras 3 epístolas mientras estuvo encarcelado el Apóstol Pablo.

Otro punto que no puedo dejar de resaltar es que ese documento se lo entrega al pueblo de Éfeso, un pueblo que mientras existió, estuvo ubicado en Asia Menor; manteniendo viva la instrucción del Apóstol Pablo aun 25 o 30 años después de recibirla; al punto que incluso el Apóstol Juan, cuando describe en el libro de Apocalipsis las 7 Iglesias, la primera que menciona es la Iglesia de Éfeso por la importancia que alcanzó.

Éfeso tuvo la característica de ser un pueblo místico, supersticiosos e idolatras bajo un matriarcado que para los romanos, era la diosa llamada Artemisa y para los griegos era llamada Diana, pero era la misma diosa considerada madre, también considerada como la diosa de la fertilidad, de la sexualidad, la diosa nodriza, era la que tenía la mayor influencia en esa región, por eso el Apóstol Pablo pudo ubicar fácilmente esa región para evangelizarla y trasladarles un conocimiento extraordinario para ser equipados como buenos guerreros para salir a la batalla y destruir todas fortalezas que el diablo tenía en esa región.

Porque no podría negar que el único organismo que tiene la autoridad delegada por Dios para neutralizar todo efecto de maldad, es la Iglesia del Señor Jesucristo, no es una institución beneficiaria, tampoco es una organización humanista; es solamente la Iglesia la que tiene esa delegación y es un organismo por cuanto está compuesto por seres vivos.

Tú, teniendo al Espíritu Santo dentro de ti, estás en constante comunicación con Dios y El te puede decir qué hacer y cómo hacerlo en el tiempo propicio para destruir toda obra de maldad, desenmascarar las obras infructuosas de las tinieblas y romper cadenas a todo aquel que esté necesitado de Dios, lo puedes hacer porque como ya lo dije; eres parte de ese organismo y si bien es cierto que puedes batallar a favor de otros, también puedes detener todo aquello que se está levantando en contra tuya y de tu familia. Recuerda en todo tiempo que, Satanás no se detendrá hasta que le pongas una marca limitándolo para que no avance más y retroceda de todo lo que ya avanzó.

Si el diablo está estorbando tu vida, sencillamente es porque tú se lo estás permitiendo, lo has dejado que entre a donde quiera, por eso el Apóstol Pablo, guiado por el Espíritu Santo, dedica esa primera Epístola a los Efesios, porque ellos tenían una mente abierta a lo sobrenatural, a lo invisible, a todo aquello que para un hombre natural le era imposible de creer que existiera una dimensión espiritual paralela donde podían incursionar en contra de ellos. Por eso llega aquel varón a decirle a aquel pueblo de Éfeso, que tenían que ser equipados para ser los guerreros de Dios.

Por eso, una de las primeras cosas que debes asimilar es el hecho de cambiar tu forma de pensar, cambiar tu mentalidad y saber que todo lo puedes en Cristo que te fortalece; de ahí entonces que lo primero que dice el evangelio es: **ARREPENTIOS**… esa palabra significa: **CAMBIO DE MENTE**.

Todo lo que has leído hasta este momento, es solamente la introducción de lo que deseo enseñarte en este capítulo. Ahora, haré una breve reseña de los capítulos anteriores, con el propósito de tener la idea clara y que puedas ampliar tu conocimiento a este respecto, para lo cual quiero recordarte respecto a lo siguiente:

## Los Guerreros

En el tiempo cuando estuvo Jesús en la Tierra y después el Apóstol Pablo; se había popularizado mucho una actividad donde los romanos asistían, se le conocía como el circo romano. El pueblo llegaba para presenciar lucha de hombres guerreros que habían estado en batalla toda su vida, aunque eran esclavos, también estaban dispuestos a morir probando su valor y destreza porque creían en sus dioses como guerreros y pretendían ser como ellos.

## LOS GUERREROS GLADIADORES

Los gladiadores era un grupo muy particular de guerreros que todos los conocían por su conexión espiritual que sostenían con Saturno, dios que pedía sangre, de tal manera que los combates eran ritos en las arenas romanas hasta el punto de ver sangre derramada del contrincante porque según la costumbre, era la forma en que un gladiador podía salir de la cárcel por cuando era un esclavo; la ofrenda ofrecida a Saturno, lo libertaría.

## LOS GUERREROS ROMANOS

Este tipo de guerreros estaba identificado con el dios Marte, conocido como el dios de la guerra, por consiguiente, según la creencia romana, debía ser imposible perder una batalla por lo que ellos representaban en la Tierra, más aun, su creencia era que ellos eran descendientes del dios de la guerra, quizá por esa misma razón, habían llevado una mente segura de ser vencedores, estuvieron dominando el mundo por mucho tiempo en aquel entonces. También puedes comprobar que la imagen que tenía del dios Marte, en su vestimenta, era como la de un soldado romano.

Otro punto que debo mencionar es que en los lugares donde había una estatua del dios Marte, era el simbolismo para decir que esa gente estaba influenciada por ese dios.

## LOS GUERREROS CELESTIALES

Los guerreros que ya mencioné son de una estirpe netamente humana con dependencia de un dios que pudo haber sido de metal, madera, bronce, etc., con ojos pero no pueden ver porque no tienen vida, aunque de alguna manera también puedo decir que detrás de ellos, había una potestad de las tinieblas que usaba ese ídolo para manipular al grupo de guerreros que la idolatraban.

Pero entonces el punto al que quiero llegar y que pueda darme a entender contigo, es el hecho que si ellos teniendo ese tipo de dioses salían a pelear para dejarlo todo en el campo de la batalla, cuánto más tú que eres hijo del único Dios verdadero que nunca ha perdido una sola batalla, del cual dice la Biblia que es Varón de Guerra, Jehová de los ejércitos es Su nombre y que por medio del sacrificio de Su Hijo Jesucristo te ha hecho más que vencedor; entonces debes batallar con la mentalidad y seguridad que cualquier batalla a la que te enfrentes, está ganada desde antes de empezar porque como ya lo mencioné, Dios te ha hecho más que vencedor.

Considera entonces que aquellos guerreros en la antigüedad usaban su armadura con el orgullo de lo que representaban o con la convicción de quién eran descendientes, en el caso de los gladiadores, llevaban la vestimenta de Saturno y en el caso de los romanos, la vestimenta de Marte; ahora tú, es necesario que lleves con mucha honra la armadura de Dios, con la convicción total que eres Su hijo, en tu ADN llevas identidad de guerrero dimensional porque eres descendiente del Varón de Guerra que jamás perderá una sola batalla.

Cuando te vistes con la armadura de Dios, estás vistiéndote de la misma forma como sale Dios cuando va a la guerra a destruir reinos, potestades, gobernadores, autoridades, huestes, etc.

Por eso, cuando el diablo está usurpando un hogar, el problema no será qué tanto lo ocupe; el problema para el diablo será si está ocupando la casa de un ungido, un guerrero dimensional sea hombre o mujer, porque si en esa casa hay alguien del pueblo de Dios y sabe clamar para abrir el cielo y así descienda la armadura de Dios; se convertirá en un verdadero problema para Satanás porque habrá una batalla donde habrá perdido desde antes de empezar.

## LA INFLUENCIA DE LOS ESPÍRITUS DE GUERRA

Cuando mencioné que los gladiadores y los romanos tenían en la mente que eran descendientes de un dios al cual ellos veían en bulto de cualquier material y que detrás de ese bulto hay una potestad; lo mencioné para que sepas entonces que detrás de toda guerra y todo guerrero, hay un espíritu de las tinieblas que los está influenciando. Todo lo que puedes ver en lo natural, tiene una influencia espiritual de las tinieblas.

En el tiempo actual, existe un grupo llamado ISIS, este grupo tienen una particularidad la cual es que cuando hacen un ataque, lanzan un grito de guerra pronunciando: **ALAH WAPAR**, el cual en árabe significa, **EL DIOS DE LA GUERRA**, esto lo hacen porque tienen la convicción de que su dios está respaldándolos en la guerra, sea cual sea. No estoy avalando lo que ellos hacen, solamente lo tomé como ejemplo de la convicción o influencia bajo la que viven.

En el caso del pueblo de Israel, siempre tuvieron a su favor a Jehová; tú debes tener la convicción que tienes a tu favor al Padre, al Hijo y al Espíritu Santo, un solo Dios manifestado en 3 personas; pero es quien está en tus conflictos, batallas, combates y luchas para inspirarte, ayudarte y respaldarte en tus guerras espirituales.

Lo que debes saber entonces es si tu guerra espiritual la estás haciendo directa hacia la dimensión de lo espiritual; porque el problema surge cuando cambias el objetivo de tu guerra. Lo normal a los ojos de los hombres es que entables una batalla contra una persona, pero la realidad es que la gente es influenciada por potestades de las tinieblas que están debidamente estructuradas para que en cuestiones de guerra, alcancen su objetivo.

Por eso, lo que Dios desea es que creas que tu batalla es en las dimensiones celestiales como lo deja ver este versículo:

**Efesios 6:12-13 (LBA)** Porque nuestra lucha no es contra sangre y carne, sino contra principados, contra potestades, contra los poderes de este mundo de tinieblas, contra las *huestes* espirituales de maldad **en las *regiones* celestes**. [13] Por tanto, tomad toda la armadura de Dios, para que podáis resistir en el día malo, y habiéndolo hecho todo, estar firmes.

Lo que esta cita deja ver claramente es que estás batallando en las dimensiones celestiales; si vas a batallar consciente de esa realidad, siempre tendrás a Dios detrás de tus guerras, al frente, alrededor, donde sea pero siempre inspirándote confianza y fuerza en medio de la batalla; revelándote cuál es el punto débil del enemigo, revelándote estrategias y decretos para que tus palabras sean poderosas y fulminantes contra las entidades que describe **Efesios 6:12-13**.

Insisto con esto: Dios desea que tu guerra esté enfocada al blanco correcto, el problema es cuando cambias de objetivo; ciertamente algunas versiones de la Biblia dicen que tu lucha no es contra carne y sangre **solamente**, pero lo que Dios está diciendo es que, si te sales de la guerra en la dimensión celestial, vas a sostener una guerra en lo terrenal donde no tendrás el mismo apoyo como en el momento cuando lo haces en la dimensión celestial, porque ahí es Jehová de los ejércitos quien te respaldará, mientras que en la dimensión terrenal será otro espíritu a gobernarte porque, debo insistir, en toda guerra siempre habrá un espíritu influenciado la guerra.

Dicho en otras palabras, puedo decir entonces que, no hay guerra natural o física, si no hay un espíritu influyente, pero si tu guerra es en la dimensión celestial, ahí tendrás toda la destreza militar de tu lado porque es Jehová de los ejércitos, el Varón de guerra quien te estará guiando en todo momento. Considera entonces que si tu enemigo es terrenal y quieres hacer guerra terrenal, Dios no estará contigo y aunado a eso, vendrá un espíritu influyente de guerra sobre ti, un espíritu de contienda, de división, de disensión y perderás la batalla.

## INFLUENCIA DEL ESPÍRITU DE GUERRA

**Lucas 9:54-56 (LBA)** Al ver *esto*, sus discípulos Jacobo y Juan, dijeron: Señor, ¿quieres que mandemos que descienda fuego del cielo y los consuma? ⁵⁵ Pero Él, volviéndose, los reprendió, y dijo: **Vosotros no sabéis de qué espíritu sois**, ⁵⁶ porque el Hijo del Hombre no ha venido para destruir las almas de los hombres, sino para salvarlas. Y se fueron a otra aldea.

Con esta cita puedo ejemplificar claramente la influencia de un espíritu de guerra, aun sobre los apóstoles de Jesús; Jacobo y Juan estaban influenciado por un espíritu que no era de parte de Dios, estaban siendo gobernados por un espíritu al cual ellos le abrieron la puerta cuando pretendieron ejercer dominio natural o físico, bajo un falso manto espiritual, de tal manera que cuando no alcanzaban su objetivo natural, querían ejercer condenación celestial a la manera del Profeta Elías haciendo descender fuego para destruir a los samaritanos.

Por eso debes estar debidamente enfocado en sostener la guerra que estés librando, pero hacia la dimensión celestial porque ahí encontrarás el brazo poderoso de Jehová de los ejércitos para apoyarte en todo momento; necesitas comprender que la dimensión celestial es tu terreno, es como tu casa, ahí es donde tienes la ventaja sobre la guerra, esto es tan cierto, al punto que, sin importar que sea el mismo Satanás el que se levante en contra tuya, Dios no se lo permitirá; si él quiere atacarte con una estrategia que desconoces, Dios te abrirá el entendimiento y te revelará cómo contrarrestar todo ataque satánico.

**2 Corintios 2:11 (LBA)** …para que Satanás no tome ventaja sobre nosotros, **pues no ignoramos sus ardides**.

Cuando investigas la palabra **ARDIDES**, puedes ver que está refiriéndose al modus operandi; entonces lo que esto significa es que Dios te revelará cualquier cosa que Satanás esté trabajando en contra tuya para destruirte, te lo revelará para que de una manera estratégicamente militar, puedas anular los ardides de Satanás y que todo esquema diabólico en tu contra quede anulado.

De alguna forma es considerable que el Apóstol Pablo le entregó al pueblo de Efeso, el manual de guerra para que al aprendérselo y asimilarlo militarmente hablando en la dimensión espiritual, no ignorarían la forma en que Satanás los podía atacar dimensionalmente para ejercer presión en lo natural; pero como no ignoraban la estrategia de cómo los pretendía atacar para hacerlos que su guerra fuera infructuosa al hacerla en lo natural; entonces lo ejercían dimensionalmente como era lo correcto y era la forma como alcanzaban la victoria porque ahí estaba el brazo poderoso de Jehová de los ejércitos.

Para ellos era imprescindible aprender los principios de guerra espiritual para tener entonces el respaldo de Dios y no la influencia de ningún espíritu de guerra que los influenciara de parte de las tinieblas.

Creo que todo esto lo asimilarás adecuadamente bajo el impacto del Espíritu Santo, guiado por El en todo momento porque el deseo de Dios es que al haber problemas y que sean notorios en lo natural, problemas quizá con el cónyuge, los hijos e hijas; no los veas a ellos como tu enemigo, sino que puedas discernir que detrás de esa situación, en la dimensión celestial, se está llevando a cabo la verdadera guerra y que es ahí entonces adonde debes llegar para que, vestido con toda la armadura de Dios, te levantes a batallar pero contra toda potestad de las tinieblas que pretenda destruir tu casa o tu familia.

A veces se cae en el error de reprender a una persona pretendiendo identificarla con algún personaje de las tinieblas; se reprende a un hombre o una mujer de la familia, señalándolo o señalándola como si fuera Satanás o Jezabel; pero la guerra espiritual no se debe librar de esa forma porque en tal caso, será un espíritu de guerra el que estará influenciando en tu casa y podrías terminar separando a toda tu familia.

En ese tipo de problemas, de más está decir que estás librando una batalla con tus propias fuerzas, con tu propia vestidura porque no es la armadura de Dios la que tienes en ese momento ni tienes Su respaldo.

Por eso, una de las estrategias que Dios permite es hacer la guerra en paz, aunque parezca ilógico, así es, porque no existe entrenamiento militar de victoria en un momento crítico si pierdes en control.

**Romanos 16:20 (LBA)** Y el Dios de paz aplastará pronto a Satanás debajo de vuestros pies. La gracia de nuestro Señor Jesucristo sea con vosotros.

Cuando eres estratégico, lo necesario es tener esa paz que sobre pasa todo entendimiento y que llena los corazones, porque de esa manera Satanás no logrará avanzar tras la línea que lo limita a no pasar más sobre tu vida, sino por el contrario, en medio de esa resistencia debe huir porque no soporta que seas resistente.

**1 Tesalonicenses 5:23 (LBA)** Y que el mismo Dios de paz os santifique por completo; y que todo vuestro ser, espíritu, alma y cuerpo, sea preservado irreprensible para la venida de nuestro Señor Jesucristo.

Este versículo es muy considerado para estudios de escatología, pero nota que está hablando de integración; que el mismo Jehová de los ejércitos, el Varón de guerra te ministra paz y te santifica por completo; entonces la integración es tener el control respecto a que todo lo que has aprendido de parte de Dios, lo recuerdes y lo pongas en práctica, teniendo la paz que el Señor te respaldará.

Entonces, para ser guerreros dimensionales contra una entidad que es estratega porque se mueve o actúa bajo esquemas que le trabajan sus servidores, con el propósito que sus ataques sean certeros; es necesario que representes al estratega de todos los universos y por todos los tiempos, al Dios Todopoderoso, pero debes hacerlo laico en estrategia, considerando presentarte diciendo que eres otra persona por el respaldo que tienes de parte Suya, dicho en otras palabras, si tienes el respaldo de aquel que dice la Biblia que es Varón de guerra, no estás llegando en tu propio nombre o como que alguien te envió; tienes la delegación del Dios Todopoderoso, estás en Su representación y así mismo alcanzarás la victoria porque El nunca perderá una batalla, pero para esto, es necesario que le creas a Dios cuando dice que puedes hacerlo en Su nombre.

## La Mentalidad Del Guerrero

Una de las estrategias que son elementales para la formación de un guerrero dimensional, es el cambio de mente para no ser sorprendido deliberadamente.

## LAS ARTIMAÑAS DEL ADVERSARIO

- Las trampas de Satanás son en temporadas.

Una de las artimañas de Satanás, son las trampas, las cuales he aprendido que son en determinadas temporadas a tu vida. Por eso cuídate de no caer en las trampas de Satanás o como lo dicen los diccionarios: **emboscado**, palabra que a su vez está identificada con el código **H693** y se pronuncia **ARAB**, la cual la encuentras en las siguientes citas:

**Deuteronomio 19:11; Josué 8:4; Jueces 9:32, 16:12, 20:29, 33, 36, 38; 21:10; 1 Samuel**

22:8, 10; Job 38:40; Salmo 10:4; Proverbios 7:12; 23:28; Oseas 7:6 y Miqueas 7:2.

- Los dardos encendidos del maligno son todos los días.

La otra situación son los dardos que puede estar lanzando constantemente porque su estrategia es que la mente del creyente tenga un desgaste hasta que ceda el espacio y entonces crear imaginaciones negativas en tu vida para que finalmente te rindas de cualquier batalla y te conviertas en presa fácil de Satanás.

**Efesios 6:16 (R60)** Sobre todo, tomad el escudo de la fe, con que podáis apagar todos los **dardos de fuego del maligno**.

Dardos de Fuego: **G4448 (Strong) puróo**.

## LOS EFECTOS DEL DARDO ENCENDIDO

**1 Corintios 7:9** ...pero si no pueden contenerse, cásense; **que mejor es casarse que quemarse**.

**Quemar:** ser consumido por fuego, consumirse por la pasión sexual.

**Santiago 3:6** Y **la lengua es un fuego**, un mundo de maldad. Así es la lengua entre nuestros miembros; contamina todo el cuerpo, e inflama la rueda de la creación, y es inflamada del infierno.

**Proverbios 6:27** ¿Puede un hombre poner **fuego** en su seno **sin que arda su ropa**? 28 ¿O puede **caminar** un hombre sobre **carbones** encendidos **sin que se quemen sus pies**?

En guerra espiritual es sumamente peligroso tener la mente descubierta; en realidad en todo momento es peligroso porque una mente desocupada es un taller del diablo, él puede ver que tiene dónde trabajar maquinaciones diabólicas y empieza a invadir esa mente para utilizarla en cualquier momento.

Por eso es importante saber que si el diablo está al acecho y de pronto te alcanzó el pecado; lo mejor que puedes hacer es arrepentirte para que Dios te levante. Cuando observas con detenimiento la parábola del hijo pródigo; puedes ver que llegó a lo más bajo, sin embargo en ningún momento salió su papá a buscarlo, sino que fue hasta el momento en que llegó a su vida un espíritu de arrepentimiento y entonces volvió en sí viendo dónde había caído, y entonces regresó a la casa de su papá.

Una mentalidad de guerrero es que estés pensamiento siempre en las cosas celestiales, obedeciendo en todo momento a Dios, apegándote a Su palabra y teniendo los pies debidamente puestos sobre la Tierra; tu corazón debe estar enfocado en una búsqueda incansable del rostro del Señor Jesucristo, tus oídos debidamente agudizados para escuchar la voz del Espíritu Santo y saber que el Padre, estará guiándote siempre en la dimensión celestial cuando estés enfocado en batallar como un guerrero dimensional, no en lo natural, sino en lugares celestiales porque es ahí tu campo de batalla.

# LIBERTAD DE LOS PODERES DE LOS TERRORES NOCTURNOS

# Capítulo 5

Una vez aprendida la forma en que debes vestirte dimensionalmente por cuanto tienes el llamado a ser un guerrero dimensional y por todo lo que expuse en los capítulos anteriores, ahora verás muchas de las razones por las cuales es necesario que ocupes el lugar que te corresponde dentro del ejército de Dios y saber cuál es tu responsabilidad, tanto al momento de recibir una instrucción, como en el momento de entregarla, por ejemplo:

**Isaías 61:1-2 (LBA)** El Espíritu del Señor DIOS está sobre mí, porque me ha ungido el SEÑOR para traer buenas nuevas a los afligidos; me ha enviado para vendar a los quebrantados de corazón, **para proclamar libertad a los cautivos y liberación a los prisioneros**; [2] para proclamar el año favorable del SEÑOR, y el día de venganza de nuestro Dios; para consolar a todos los que lloran...

En el momento que predico o proclamo una instrucción de Dios; estoy cumpliendo con lo que

El me ordenó que dijera, en el ejemplo de la cita anterior, el hecho de proclamar conlleva la responsabilidad de mantener la libertad a la cual Dios te haya llamado porque bajo esa libertad hay un propósito que debes cumplir. El poder de Dios te liberta, pero es responsabilidad tuya mantener esa libertad y avanzar para madurar bajo esa perspectiva.

Por eso insisto en que es muy diferente predicar y enseñar, porque en la prédica o proclama, la orden está entregada para caminar bajo esa unción, enseñanza u orden divina lo cual es responsabilidad tuya el hecho de apropiarte de esa palabra en tu corazón para vivirla. Cuando enseño la palabra, la responsabilidad es mía porque debo buscar la forma de trasladar adecuadamente la enseñanza para que aprendas, claro que el hecho de aprender también lleva un grado de responsabilidad, pero es diferente porque el hecho de ser un maestro de la palabra, tiene mucha responsabilidad.

Lo extraordinario de la proclama de libertad en el libro del Profeta Isaías, es que mucho antes, se menciona en 12 capítulos y en diferentes libros de la Biblia la palabra libertad. Después del libro del Profeta Isaías, está el libro del Profeta Jeremías donde en el capítulo 34, en los versículos 8, 9, 10,

11, 14, 15 y 17 se mencionan los efectos negativos por no fluir en la libertad.

Cuando lees con detenimiento la Biblia, en el libro del Profeta Jeremías, encuentras que le habló a un rey llamado Sedequías, pero antes de eso Dios ya había decretado libertad; dicho en otras palabras: se enseñó acerca de la libertad en los libros antes del Profeta Isaías, cuando lleva el momento de este varón, él lo proclama porque estaba en su agenda profética; después, cuando llega Jeremías, se lo profetiza al rey, aunque este segundo profetiza tradicionalmente el año de la libertad pero inmediatamente pide vuelvan a esclavizar a la gente porque no estaba interesado en que su pueblo fuera libre sino que, siguieran como esclavos porque esa situación lo beneficiaba como es lo común hoy día.

Recuerda que donde hay esclavitud, es sinónimo de ignorancia y consecuentemente prevalece el abuso sin que el esclavo se atreva a exigir derechos; por eso en la actualidad algunos hablan de libertad pero es condicionada y solamente los que la manipulan puede tener total libertad, teniendo así engañada a la demás gente.

**Jeremías 34:8-11 (LBA)** Palabra que vino a Jeremías de parte del SEÑOR, después que el rey Sedequías había hecho un pacto con todo el pueblo que *había* en Jerusalén para proclamarles libertad: **9** que cada uno debía poner en libertad a su siervo y a su sierva hebreos, para que nadie retuviera a un judío, hermano suyo, en servidumbre. **10** Y obedecieron todos los oficiales y todo el pueblo que habían entrado en el pacto, de que cada uno dejara en libertad a su siervo y cada uno a su sierva, de modo que nadie los mantuviera más en servidumbre; obedecieron y *los* pusieron *en libertad.* **11** Pero después se arrepintieron y volvieron a tomar a los siervos y a las siervas a quienes habían dejado en libertad, y los redujeron a servidumbre como siervos y como siervas.

Esta es la cita a la que me refiero en cuando proclaman libertad, pero después es cortada; pero quizá más importante es que puedas ver los 12 niveles de libertad que mencioné los cuales puedes encontrarlos en estos versículos:

1. Génesis 43:14.
2. Génesis 49:21.
3. Levítico 14:53.
4. Levítico 19:20.
5. Levítico 25:10.
6. Deuteronomio 15:12.
7. 2 Crónicas 12:7.
8. Job 39:5.
9. Salmos 102:20.
10. Salmos 105:20.

**11.** Salmos 119:45.
**12.** Salmos 146:7.

Cada una de ellas representa una libertad diferente, para la mente, para las manos, para los pies, etc., lo interesante con eso es que son 12 libertades, número que bíblicamente representa gobierno. Otro punto que debe llamarte la atención es que después del libro del Profeta Jeremías, no se vuelve a mencionar la palabra LIBERTAD, sino hasta el momento cuando Jesús abre el rollo y lee lo descrito en Isaías 61:1.

**Lucas 4:17-21 (LBA)** Le dieron el libro del profeta Isaías, y abriendo el libro, halló el lugar donde estaba escrito: **18** EL ESPÍRITU DEL SEÑOR ESTÁ SOBRE MÍ, PORQUE ME HA UNGIDO PARA ANUNCIAR EL EVANGELIO A LOS POBRES. ME HA ENVIADO PARA PROCLAMAR LIBERTAD A LOS CAUTIVOS, Y LA RECUPERACIÓN DE LA VISTA A LOS CIEGOS; PARA PONER EN LIBERTAD A LOS OPRIMIDOS; **19** PARA PROCLAMAR EL AÑO FAVORABLE DEL SEÑOR. **20** Cerrando el libro, *lo* devolvió al asistente y se sentó; y los ojos de todos en la sinagoga estaban fijos en Él. **21** Y comenzó a decirles: Hoy se ha cumplido esta Escritura que habéis oído.

A partir de este momento, es como si la libertad que fue proclamada en Isaías 61, respecto a los 12 niveles de libertad, vuelve a tener una validación por la palabra del Señor Jesucristo porque en una sola proclamación de libertad puede reunirse todo; esa es la razón del título de este capítulo, para saber que debes hacer vida la libertad que habló Jesús porque las batallas como guerrero dimensional, se incrementarán en cualquier momento.

## LAS BATALLAS NOCTURNAS

De tal manera que cuando me refiero entonces a terrores nocturnos, no solamente estoy refiriéndome a un horario, sino a un estado así como también a una dimensión en la cual, si no se tiene el debido entendimiento, se adopta una ceguera dimensional, al punto que se puede estar viviendo en medio de situaciones donde se cree que todo lo que alguien pueda estar viviendo, es normal o natural. Por eso Dios desea que experimentes una total y verdadera libertad donde no haya horario, estado ni dimensión que pueda aprisionarte, porque no puedo negar que hay batallas en todo eso.

Observa estas citas que servirán como base para lo que voy a desarrollar en este capítulo:

**Romanos 13:12 (LBA)** La noche está muy avanzada, y el día está cerca. Por tanto, **desechemos las obras de las tinieblas** y vistámonos con las armas de la luz.

**Efesios 5:11 (LBA)** Y no participéis en las obras estériles de las tinieblas, sino más bien, desenmascaradlas...

Cuando experimentas la libertad, quedas capacitado para poder discernir las tinieblas, tienes el poder para desenmascararlas, ¿por qué?, sencillamente porque dejaste de ser víctima de las trampas del enemigo en medio de los terrores nocturnos, pero todo eso que el diablo hizo contra ti, sirvió para que ahora puedas discernirlo cuando lo detectas; dicho en otras palabras, el mismo diablo te capacitó para que una vez recobraste la libertad, supieras dónde, cuándo y cómo está atacando el diablo, diría como dar la voz de alerta denunciándolo voz en cuello.

Puedo comprender entonces que si tus sentidos espirituales están atentos a escuchar la voz de Dios porque has logrado avanzar dimensionalmente; de igual forma puedes ser sensible a detectar cuando hay batallas en contra tuya, cuando el enemigo está organizando una trampa; es entonces cuando el Espíritu Santo te lleva por otro camino para librarte de la muerte.

El discernimiento que Dios te permite desarrollar te permite incluso, identificar a Satanás en cualquier personificación engañosa con la que se pretenda manifestar a tu vida, puedes alcanzar ese nivel porque has estado en ambientes donde fue como una escuela y lograste aprender para aceptar o rechazar lo que llega a tu vida.

**Salmos 91:1-6 (R60)** El que habita al abrigo del Altísimo Morará bajo la sombra del Omnipotente. ² Diré yo a Jehová: Esperanza mía, y castillo mío; Mi Dios, en quien confiaré. ³ Él te librará del lazo del cazador, De la peste destructora. ⁴ Con sus plumas te cubrirá, Y debajo de sus alas estarás seguro; Escudo y adarga es su verdad. ⁵ **No temerás el terror nocturno**, Ni saeta que vuele de día, ⁶ Ni pestilencia que ande en oscuridad, Ni mortandad que en medio del día destruya.

De pronto puedo ver en la Biblia muchas cosas y es posible que cuando tú las veas, igualmente las dejes pasar como si fuera un detalle que quedó escrito solamente por acompañamiento; sin embargo cuando analizas con detenimiento, puedes ver que la Biblia tiene cada palabra con sentido, de tal manera que si dice que no le temas al terror nocturno, sencillamente es porque existe y porque provocará miedo; claro está que Dios no te pedirá que hagas algo sobre lo que no estás equipado, si

El dice que no temas al terror nocturno, es porque Dios estará contigo y te ha ministrado valor y fuerza. Debes saber que, en la Biblia, cuando encuentres un versículo donde diga específicamente que no tengas miedo a determinada situación, es porque el Señor estará acompañándote.

En el libro de Josué, puedes ver claramente que el Señor le dijo precisamente a Josué que no tuviera miedo ni desmayara y que fuera muy valiente, ¿por qué?, porque Dios estaría con él. Cuando El dice que no tengas miedo es como decir que no confíes en tu propia prudencia, sino en el Señor porque la batalla no es solamente tuya ni de tu pastor, es una batalla de Dios contra el reino de las tinieblas y el blanco codiciado eres tú, pero como eres propiedad privada de Dios, El te defenderá.

Un punto muy importante que debes aprender es que, las entidades más sanguinarias en el reino de las tinieblas, son las entidades místicas femeninas, dentro de las cuales está:

1. La reina del cielo.
2. Artemisa.
3. Jezabel.
4. Diana.
5. **Lilith.**

## Libertad De Los Poderes De Los Terrores Nocturnos

Las primeras 4 son terrores nocturnos desde el punto de vista que no se pueden discernir con mucha facilidad aunque estén en plena operación porque si bien es cierto que son terrores nocturnos, también trabajan de día de una forma muy sutil. Sin embargo, la última sí opera en un horario específico de noche, no opera de día, solamente en la oscuridad ese es su medio ambiente donde se le facilitan las cosas.

Jezabel fue una persona literal o natural en los días del Profeta Elías quien a su vez, tenía agendado el hecho de destruirla, pero a lo más que llegó fue a destruir parte de sus profetas, destruyó los profetas de Baal, emisarios de Jezabel, aunque ella también tuvo los profetas de Asera a los cuales dejó vivos. Fue una batalla que no se concluyó en destruirla y tampoco ella cumplió con matar al Profeta Elías, puedo decir que espiritualmente quedó agendado sin realizar, lo que dio lugar a que se prolongara su operación; la persona como tal, murió, pero el espíritu de Jezabel no.

Entonces llegaron los días donde surge Juan El Bautista y en determinado momento, le quitan la cabeza por influencia del espíritu de Jezabel porque esa fue la amenaza que ella le hizo al Profeta Elías.

Posteriormente puedes ver que el Señor Jesucristo le dice al Apóstol Juan, mientras escribe el libro de Apocalipsis, que habla de una Iglesia que tiene a una mujer llamada Jezabel, la cual seduce a los siervos del Señor. Lo que Dios estaba haciendo era, dar la alarma de que Jezabel aun está operando quitando cabezas, dicho en otras palabras, es un ataque en contra de los hombres, por cuanto el hombre es la cabeza de la mujer, eso es porque el hombre es el sacerdote de cada casa; esto también puede interpretarse como cabezas ministeriales.

Pero eso sería la forma de atacar de Jezabel, sin embargo, en quien voy a enfocarme para enseñarte en su forma de ataque es en la quinta personificación: Lilith.

## Lilith

La forma en que ataca esta potestad femenina es bajo las siguientes características:

1. Ataca en un horario específico.
2. No hace acepción de personas.
3. Ataca a hombres y mujeres dependiendo del campo de debilidad.
4. Ataca en cualquier edad.
5. Ataca en cualquier estado civil.
6. Ataca en cualquier nivel social.

El ataque de esta entidad es muy sutil, pero en el nombre de Jesús será desenmascarada y será declarada libertad al que esté siendo asediado por esa potestad.

**Isaías 34:14 (LBA)** Las fieras del desierto se encontrarán con las hienas, el macho cabrío llamará a los de su especie; sí, el monstruo nocturno se establecerá allí, y encontrará para sí lugar de reposo.

Ahora observa la claridad con la que esta versión de la Biblia traduce el mismo versículo:

**Isaías 34:14 (BJ2)** Los gatos salvajes se juntarán con hienas y un sátiro llamará al otro; también allí reposará Lilit y en él encontrará descanso.

Es una potestad que su modus operandi es atacar en cierto horario, específicamente que sus blancos de ataque son los considerados desérticos, pero no es precisamente lo que puede venir a tu imaginación como un desierto de tierra árida y sin plantación, sino que, está hablando de la condición de una persona, está carente de agua, está carente de la palabra de Dios, de tal manera que cuando encuentra un lugar de esos, ella reposa, lo cual es una dinámica que significa, pasar por desapercibidamente a través de los tiempos; su reposo es esconderse en una persona sin que otro la vea y entonces atacar en ciertos horarios.

Dios me ha permitido estar estudiando el modus operandi de esta potestad por los constantes ataques en los últimos tiempos, lo cual ha servido a su vez para determinar que está atacando con mayor frecuencia en ciertas regiones del mundo, pero cuando surge un avivamiento de Dios, eso hace que sea disipado de donde esté; lamentablemente cuando los avivamiento se apagan, ella se siente atraída porque conoce o recuerda lo que experimentó en aquella misma región.

Es interesante ver que por lo menos el 30% de casos de liberación, en la ministración del alma de todo el equipo de ministración que Dios me ha permitido dirigir, reportan ese porcentaje, muchos son los casos de ataques por esa potestad femenina llamada Lilith; peor aun, en muchos casos son reincidentes porque se confiaron en que habían sido libres y no pudieron sostener su libertad con disciplina y eso hizo que aquella potestad regresara.

Por eso debes saber que una de las cosas en las cuales estás siendo equipado, es precisamente en el discernimiento de saber cuando esta potestad esté operando y poder liberar personas en el nombre de

Jesús, porque el trabajo se incrementa y tu llamado es a las líneas de batalla contra el enemigo para desenmascarar sus obras infructuosas; considerando con esto que el principal objetivo de esa potestad es profanar, por eso muchos son atacados nuevamente por la misma potestad, porque después de ser libres, no pudieron retener su bendición de libertad y **Lilith regresa a profanar sus cuerpos en partes específicas del cuerpo humano, entiéndase con esto las partes genitales, tanto del hombre como la mujer**.

De esa manera es como se inicia el contacto directo de la profanación, siendo entonces la causa del distanciamiento sexual, incluso en matrimonios donde de pronto se aleja aquella comprensión en la intimidad; pero no es tanto porque quieran hacerlo, sino porque no saben lo que está sucediendo con el cónyuge, lo cual provoca la abstención pero por un estorbo espiritual y en muchos casos la falta de comprensión como parejas.

Lilith llega a causar tanto problema que puede provocar problemas de abortos, así como de esterilidad, igualmente de disfunción en ambos sexos porque el objetivo de esa protestad es hacia 2 partes del cuerpo que son órganos, no solamente de reproducción, sino que son sanguíneos 100% y llevan la idea que son las partes donde un matrimonio establece un pacto por la misma razón que son sanguíneas.

## Etimología De Lilith

Cuando me refiero a la etimología de un nombre, es que debo saber el por qué de la forma en que está compuesto aquel nombre y su significado. Cuando investigo el nombre de Lilith, resulta que obtengo la siguiente información:

De origen sumerio aunque es una cultura ya desaparecida, su raíz es la palabra **Lil, lo cual significa, aire**, de ahí viene Lilith que a su vez es, **viento**. Lilith sería la palabra plural del femenino Lilitu, que define a la palabra, espíritus porque trabaja con una estructura, porque cuando aparece Lilith como cabeza de esa estructura, es acompañada de otros espíritus, se puede manifestar o hacer visible en el ataque que hace, sea hombre o mujer, pero en el momento que ataca, ahí es cuando decide en qué se convierte, si ataca a un hombre, se convertirá en un género femenino, cuando ataca a una mujer, se convertirá en un género masculino, dependiendo el blanco de ataque, así se convertirá; entonces puedo sintetizar lo siguiente:

1. Su etimología en plural define que ella es espíritus, por eso, el Profeta Isaías, cuando la describe dice que son hienas, lechuzas, macho cabrío, etc., no se describe con el interés de saber qué tipo de animales son, porque en la brujería los animales son la representación de un espíritu; incluso en la cultura Maya, los naguales tenían la representación del nivel de poderes en ellos, específicamente con 4 tipos de animales; pero entonces lo que el Profeta Isaías describe es, lo que acompaña a Lilith.

2. Como espíritus femeninos es **SÚCUBOS**, porque como ya lo mencioné, ella decide cómo atacar sexualmente, como hombre o como mujer.

3. Lilith es descrita como un **súcubo sumerio**.

4. En Babilonia era llamada **Ardat Lili**, los hebreos siendo cautivos conocieron de esa potestad, razón por la cual el Profeta Isaías lo menciona porque sus ancestros conocieron esa potestad al estar cautivos. **Ardat Lili** fue entonces para referirse a los espíritus femeninos sexualmente activos que atacaban durante la noche a los hombres solteros, viudos, divorciados, eso eran los

**Succubae**, (nota cómo se pronuncia y escribe) y de ahí **SÚCUBO** del latín.

<u>Ardat Lili</u> significaba simplemente **súcubo**. "**Ardatu**" es una palabra que se usaba para señalar a una mujer joven en edad de casarse, de ahí fue de donde se originó **Ardat Lili** porque al referirse a una mujer joven en edad casadera, era como decir que atacaba a los hombres antes descritos en sus diferentes categorías.

Con esto lo que debes comprender es que si la Biblia menciona que existe Lilith, es porque así es, razón por la cual Dios establece leyes a algo que está relacionado con los ataques de esa potestad. Cuando el Señor les entrega leyes a Israel, lo hace antes que entraran a la tierra prometida; según el relato bíblico, Israel acampó en las faldas del Monte Sinaí por un tiempo de 2 años, fue en el tiempo cuando Moisés subió a recibir los 10 mandamientos de Dios los dejó escritos en tablas de piedra.

Dentro de los mandamientos existía este:

**Levíticos 15:16-17 (LBA) "Y si un hombre tiene emisión de semen**, bañará todo su cuerpo en agua y quedará inmundo hasta el atardecer. [17] "En cuanto a cualquier vestidura o piel sobre la cual haya emisión de semen, será lavada con agua y quedará inmunda hasta el atardecer.

**Levíticos 15:31-33 (LBA)** Así mantendréis a los hijos de Israel separados de sus impurezas, para que no mueran en sus impurezas por haber contaminado mi tabernáculo que está entre ellos. ³² Ésta es la ley para el que tiene flujo **y para el hombre que tiene una emisión de semen, contaminándose por él,** ³³ y para la mujer que está enferma por causa de su impureza menstrual, para el que tenga un flujo, sea hombre o mujer, y para el hombre que se acueste con una mujer inmunda.

Uno de los puntos que puedes considerar es que, una ley se emite porque existe lo que se conoce como: considerado; entonces Dios considerando que Israel entraría a una tierra que estaba ocupada y gobernada por entidades, incluso híbridas, paganas con prácticas abominables, entonces El emite una ley, para que ellos se guardaran. Era como el salvoconducto para que Satanás no tuviera el argumento jurídico espiritual contra ellos al momento en que pecaran por falta de conocimiento.

Quise resaltar la parte donde habla de **EMISIÓN DE SEMEN**, porque es un derrame, obviamente esto es fuera del matrimonio, el hombre lo está teniendo por sí mismo sin contacto sexual con su cónyuge. Tácitamente estaba diciéndoles Dios que Israel debía guardarse porque en ese territorio Lilith ya había incursionado profanando cuerpos de hombres y mujeres, llevándolos a ese nivel de experiencia.

## EN EL LENGUAJE SUMERIO

La etimología de la palabra Lilith va conectada a los siguientes significados:

1. **Lulu** significa: libertinaje.
2. **Limnu** significa: maldad.
3. **Lilit** significa: chillar como una hiena, gatos u orgías gatunas.

**Isaías 34:14 (SRV)** Y las bestias monteses se encontrarán con **los gatos cervales**, y el peludo gritará á su compañero: la lamia también tendrá allí asiento, y hallará para sí reposo.

La palabra **CERVALES**, en su significado, tiene la idea de **sonido como aullador de gatos salvajes o de hienas**. Por eso, cuando se escucha el sonido de gatos en orgías pero es una situación constante, debes saber que no es normal sino que, es Lilith la que está estorbando; aunque las personas no estén en pecado, el estorbo puede llegar.

**4. Lilot** significa: como responsable del robo de bebés de sus madres y la muerte en la cuna y tal vez un nacimiento mortinato (muere en el útero en las últimas 20 semanas de embarazo).

**Lilith:** Como íncubo y súcubo atacaba a los hombres y a mujeres en la noche.

**Liloth:** Atacaba a los bebés durante y después del parto.

Ahora observa lo siguiente, para identificar de alguna forma, cómo trabaja esta potestad:

## La Estructura de Lilith

1. Lilith (es la principal y después sus diferentes manifestaciones)
2. Íncubos y Súcubos.
3. Homosexuales y Lesbianismo.
4. El espíritu de bisexualismo.
5. Bestialismo.

De aquí entonces puedes ver que Lilith como tal es la que encabeza su propia estructura, luego el ataque sexual de espíritus, sea contra hombre o mujeres y después con los que han decidido cambiar de sexo y por último el sexo de humanos con animales, pero todas esas experiencias no pueden ser como castigo, sino más bien, un placer que esclaviza a la persona, peor aun, por la vergüenza que le puede causar a una persona, no busca ayuda y eso mismo hace que el lazo sea más fuerte esclavizando sexualmente hacia Lilith.

## ÍNCUBO (Lili, manifestación de género masculino, Isaías 2:18)

En el pasaje bíblico en mención, aparece la palabra, **ídolo**, lo cual en hebreo es **elilim**. El sistema utilizado para obtener la raíz del nombre masculino de Lilith, se llama **KOLLEL**. Con este sistema se puede añadir o quitar un número o letra en cada palabra o para todo el grupo de palabras y así encontrar el significado de palabras que están como codificados. Esto es un programa de computadora que usan los estudiosos hebreos para el estudio de la Biblia de donde obtuve el nombre de **Lili** y **Lilith** para Isaías 34:14.

1. Íncubo es del latín incubare.

2. El prefijo **IN** significa **SOBRE** y **CUBRE**, significa, **acostarse sobre**.

3. El íncubo es una clase de demonio que toma la forma masculina para tener relaciones sexuales con una mujer.

## SÚCUBO (Lilith, manifestación de género femenino, Isaías 34:14)

**1.** Es un demonio que asume la forma de una mujer hermosa para tener relaciones sexuales con un hombre.

**2.** El nombre viene de la palabra latina que significa, **acostarse debajo**.

**3.** Se comporta como un espíritu femenino.

Aunque ya lo había mencionado, creo que es mejor que lo vuelva a mencionar: Lilith puede adoptar la representación de un hombre para atacar a una mujer y puede adoptar la representación de una mujer para atacar a un hombre. Las relaciones sexuales entre espíritus y humanos eran muy comunes en los tiempos antiguos especialmente en la edad media.

Uno de los problemas más fuertes en este tipo de ataques es que, Lilith en su manifestación de íncubo y súcubo, es celosa de las personas con las que está teniendo relaciones sexuales, al punto que busca estorbar cualquier relación que la persona pretenda iniciar con alguien.

## LOS PRIMEROS CONTACTOS

## DE LILITH

1. Esto es a través de sueños, diría que es como la materia prima que usa bajo la misma perspectiva sexual:

2. Los sueños de fantasías eróticas.

3. Los pueden sufrir los casados, solteros, divorciados, viudos.

Es importante que antes de dormirse por las noches, haya un momento de descontaminación porque, aunque sea difícil de creer, el mundo tiene un ataque constante en contra tuya, como lo hice ver en los capítulos anteriores, es un ataque a la mente por medio de la vista, oído y tacto; incluso puede ser con comida, realmente con cualquier cosa hay un bombardeo a tu vida; pero entonces la victoria la tendrás cuando llegues a dormir a tu casa por la noche y para que no haya materia prima que vaya a crear los sueños, es importante descontaminarse de todo lo que sufriste durante todo el día, porque si no lo haces, Lilith lo podrá olfatear y serás fuertemente atacado.

## EL MODUS OPERANDI DE LAS FANTASÍAS ERÓTICAS

El orden del desarrollo de las fantasías que se crean a través del bombardeo de imágenes que el mundo emite a tu vida, es el siguiente:

1. Las fantasías alimentan a la imaginación.
2. La imaginación retrata imágenes.
3. Las imágenes producen emociones.
4. Las emociones provocan deseos de la carne.
5. Las emociones con imágenes eróticas son el receptor que atraerá a Lilith.

## Los Blancos De Ataque De Lilith Por Medio De Incubos Y Súcubos

### EN LA JUVENTUD

Podría surgir un ataque en la juventud, el problema es que ese ataque puede quedarse toda la vida porque se siente vergüenza el hecho de confesar un pecado de esa naturaleza; esto se debe porque todo joven atraviesa por una etapa llamada pasiones juveniles, producto del cambio de químicos de sus cuerpos, los cuales son necesarios para que entren en otra faceta de sus vidas.

### LOS QUÍMICOS EN EL CUERPO

1. **Progesterona:** de mayor producción en la mujer y le produce el deseo sexual.

2. **Testosterona:** de mayor producción en el hombre y le produce el deseo sexual.

3. **Estrógeno:** estas sustancias pueden ser responsables de la excitación y la atracción, de facilitar el deseo sexual.

4. **La oxitocina:** es el químico que despierta emociones, la mujer se vuelve cariñosa y vinculada con el joven. La oxitocina se produce de forma natural con amigos o personas que manifiestan afecto o cuando hay caricias.

**2 Timoteo 2:22 (LBA)** Huye, pues, de las **pasiones juveniles** y sigue la justicia, la fe, el amor y la paz, con los que invocan al Señor con un corazón puro.

Las pasiones pueden ser consideradas de la siguiente forma:

- Deseos descontrolados.
- Lujuria.
- Lascivia.
- Concupiscencias.
- Excitaciones provocadas por cualquier cosa.

**2 Timoteo 2:22 (VNM)** De modo que, **huye de los deseos que acompañan a la juventud**, mas sigue tras la justicia, la fe, el amor, la paz, junto con los que de corazón limpio invocan al Señor.

Las pasiones juveniles pueden iniciar desde los 9 años de edad en el caso de las mujeres; en el hombre es a los 11 años. Es una edad donde se crean las fantasías que Hollywood usa en sus películas.

En el caso de las niñas se creen las mujeres más bonitas del mundo y en el caso de los hombres se creer los súper héroes; por eso mismo es que uno de los blancos de ataque por parte de Lilith, es hacia los jóvenes. De aquí es de donde podría depender el desarrollo de sus vidas, tanto en lo espiritual como en lo natural, porque si no logran salir de esa situación, su edad adulta será muy difícil.

Por eso, si eres padre de familia, me refiero a que si eres papá o mamá; tienes una responsabilidad muy grande delante de Dios porque mientras tus hijos e hijas maduran, debes batallar en el nombre de Jesús para arrancarle al diablo la vida de ellos y neutralizar toda operación diabólica que se haya orquestado en su contra. Por eso mismo necesitas consagrar tu vida a Dios y esforzarte por ser debidamente capacitado en guerra espiritual para que al estar solvente y entrenado; puedas salir a la batalla con la seguridad que volverás victorioso en el nombre de Jesús.

La Biblia deja ver que si alguien es esclavo o esclava, tendrá hijos igualmente bajo la misma perspectiva, pero si eres libre, así mismo serán tus hijos e hijas.

## EN LA SOLTERÍA

En esta etapa, la principal herramienta por parte de las tinieblas es la pornografía.

**Mateo 6:23 (LBA)** Pero si tu **ojo está malo**, todo tu cuerpo estará lleno de oscuridad. Así que, si la luz que hay en ti es oscuridad, ¡cuán grande *no será* la oscuridad!

El problema con la pornografía es que, si no se detecta a tiempo, puede convertirse en una adicción como cualquier otra, entiéndase con esto, alcoholismo, drogadicción, etc., es tan cierto que también puede destruir el cerebro de una persona, creando solamente una carretera que con el simple hecho de abrir los ojos, busca la forma de tener contacto con pornografía.

## EN LA AUTOSATISFACCIÓN SEXUAL

Esto es considerado el abuso directo del cuerpo; obviamente que debes dejar por un lado lo que diga el mundo en los diferentes medios, sea esto como parte de la preparación académica a cualquier nivel, así como en las terapias de algunos profesionales; sencillamente eso es diabólico porque le abre puertas a Lilith.

**Romanos 1:24 (LBA)** Por consiguiente, Dios los entregó a la impureza en la lujuria de sus corazones, de modo que **deshonraron entre sí sus propios cuerpos**...

## EN LA CARNALIDAD

Cuando se tiene problemas en la carne de carácter moral como lo pueden ser las pasiones desordenadas, concupiscencias y lujurias, eso también le abre puertas a Lilith.

**1 Pedro 2:11 (LBA)** Amados, os ruego como a extranjeros y peregrinos, que os abstengáis de **las pasiones carnales** que combaten contra el alma.

## EN EL NO PAGAR
## EL DÉBITO CONYUGAL

**1 Corintios 7:5 (LBA)** No os privéis el uno del otro, excepto de común acuerdo *y* por cierto tiempo, para dedicaros a la oración; volved después a juntaros a fin de que **Satanás no os tiente** por causa de vuestra falta de dominio propio

La falta de pago del debito conyugal, le abre las puertas a Lilith por la insatisfacción sexual que puede vivir uno de los 2 cónyuges. Lilith puede olfatear esa deuda conyugal y pretender pagarla ella sin importar si es al hombre o a la mujer, porque como ya lo mencioné, puede adoptar figura de hombre o de mujer, según sea su necesidad de ataque.

## ES RESPONSABLE DE LA ESTERILIDAD

Lilith ataca para provocar esterilidad a la mujer, ella es responsable de la falta de embarazos o de provocar abortos porque está en contra de la promesa de Dios:

**Éxodo 23:26 (LBA)** No habrá en tu tierra ninguna *mujer* que aborte ni *que sea* estéril; haré que se cumpla el número de tus días.

Hasta el día de hoy, las mujeres judías usan amuletos contra Lilith, en el Este y el Sur de Israel, las familias judías ortodoxas, colocan amuletos en los cuellos de las futuras madres y en los recién nacidos para librarlos de Lilith según su tradición.

En los hospitales de maternidad sus paredes están adornados con cuadros de réplicas del mismo amuleto para protegerse de Lilith porque se le atribuyen las complicaciones del parto y muerte en la cuna.

Con estas notas, no estoy diciendo que debes usar amuletos para librar de Lilith a tus hijos e hijas, solamente estoy dejando por escrito lo que investigué por lo que surge aun en estos días entre el pueblo judío, por el ataque que han sufrido de generación en generación. Insisto que no debes hacer esto porque tienes el poder de la sangre de Jesús que cubre tu vida y la de tu familia.

## EN EL MATRIARCADO

Las mujeres dominantes tiene problemas sexuales y son más atacadas por íncubos.

**1 Corintios 7:4 (LBA)** La mujer no tiene autoridad sobre su propio cuerpo, sino el marido. Y asimismo el marido no tiene autoridad sobre su propio cuerpo, sino la mujer.

## LAS MUJERES DOMINANTES TIENEN MENOS ACTIVIDAD SEXUAL

**¿Por qué?** La respuesta a esta interrogante, la trajo a la luz un estudio citado en el Huffington Post y publicado en el Journal of Sex, en el que se concluye que las mujeres, mientras más poder de decisión tienen en sus hogares, menos actividad sexual requerirán. Por lo menos, esto fue lo que encontraron los investigadores de Johns Hopkins University, quienes al preguntarle a un grupo de mujeres de seis países africanos sobre el último día que tuvieron relaciones sexuales, así como sobre quién tomaba las decisiones finales en el hogar (desde servicios médicos hasta las compras de la casa) encontraron la correlación, de que entre más decisiones tomaban, menos intimidad tenían con sus parejas.

Y es que, los resultados de esta encuesta demostraron que las mujeres más dominantes y enérgicas, tenían aproximadamente 100 veces menos sexo que el resto de las encuestadas. Este no es el primer estudio que relaciona la frecuencia de las relaciones sexuales, con el grado de igualdad que hay en una pareja. Obviamente que en todo esto no se considero el matriarcado porque llega a la mente el hecho que es la mujer la que tiene toda la autoridad en el hogar y deja anulada la voz del hombre como esposo. Claro que en los casos de las viudas, tiene que haber una responsable en la toma de decisiones, pero en los hogares convencionales no debe darse lugar a esa situación.

Recientemente, un estudio realizado por Roy Baumeister, director del área de psicología social de la Universidad de Florida; halló que entre mayor igualdad exista en una relación de pareja, la actividad sexual será mayor.

Con todo esto puedes ver entonces que si eres templo del Espíritu Santo, por eso Lilith pretende profanarlo a través de engaños a tu vida para que la dejes entrar, pero en el nombre de Jesús debes levantarte y hacer valer la libertad que Dios hizo en tu vida.

# LILITH LA REINA DE LOS ESPIRITUS NOCTURNOS (I)

## Capítulo 6

Dentro de la visión que Dios me entregó ministerialmente, puedo decir que en pocas palabras, fue la forma en que se identifica propiamente el ministerio: **LLAMADOS A CONQUISTAR**. Partiendo de ahí, puedo comprender que, si bien es cierto que es necesario tener una dieta balanceada espiritualmente hablando; también puedo entiendo y veo que el llamado que Dios me ha hecho está enfocado a las batallas para conquistar aquello de lo que El cristiano es heredero y que debe avanzar en el nombre de Jesús para poderlo conquistar, lo cual llevará por delante una batalla.

De la misma forma como sucedió con el pueblo de Israel antes de entrar a la tierra prometida; Dios emitió leyes que Su pueblo debía respetar en todo momento, para lo cual la única forma de hacerlo era teniendo batalla en contra de aquellas creaciones que habitaban en Canaán, pero esa tierra Dios se la había heredado a Israel y lo que ellos debían hacer era activar ese derecho, tomar la posición que les correspondía para lo cual iba a ser necesario batallar, ellos estaban siendo llamados a conquistar lo que por derecho divino les correspondía.

Han transcurrido los años desde que sucedieron aquellas batallas naturales con el pueblo de Israel y todo subió de nivel porque ahora la batalla es en otra dimensión, las mismas potestades pero desde el mundo espiritual, toda la jerarquía del reino de las tinieblas está siendo comandado por los que han reconocido como sus principales lideres, dentro de los cuales está Lilith, una entidad místicamente femenina, situación que la puedes ver en la Biblia desde Génesis hasta Apocalipsis; la incursión de esta entidad fue tal, que incluso en los lugares donde tuvo más dominio, le tallaron una imagen de mujer con ciertas características muy específicas.

Hablar de Lilith, debes saber que estás refiriéndote a un tipo de entidad considerada como un **PRINCIPADO**, por la misma razón que tiene un nombre propio; cuando tienen nombre genérico, entonces tiene una posición diferente como lo puede ser una hueste, aunque puede estar en la faceta de autoridad y gobernadores.

Su posición deja ver que tiene un lugar sumamente importante dentro del reino de las tinieblas, con lo cual tampoco estoy magnificando su poder, menos aun hacerte creer que no hay esperanza porque la realidad de las cosas es que toda potestad se sujetará a Cristo, esa fue la promesa del Padre.

Sin embargo no puedo pasar por alto que hay un porcentaje de creyentes que sufren este tipo de batallas o ataques de esa entidad y no saben cómo combatirla o discernirla para cerrarle puertas porque hay mucha falta de conocimiento a este respecto.

Por eso es sumamente importante conocer el modus operandi de Lilith, con el propósito de desenmascarar su operación y que al ser sorprendida de esa forma, todo lo que haga, quede sin efecto porque un principio en guerra espiritual es que, cuando se descubre un esquema ya no tiene sentido seguir con él porque perdió su efectividad; el hecho que descubras lo que las tinieblas están fraguando en lo secreto, hará que sean desarmados; es como decir que perdieron el elemento sorpresa de ataque.

## Principales Entidades Místicas

En el capítulo anterior mencioné lo son estas entidades, pero lo traigo nuevamente para lo que voy a desarrollar a continuación, aunque también para mencionar que si bien es cierto, estas entidades son las principales, de alguna forma puedo decir que tienen el rango con el que las estoy describiendo:

**1. La reina del cielo.**
Es la cabeza del reino de las tinieblas; debes saber que Satanás no es la cabeza principal porque él es un príncipe de las tinieblas, no rey. La reina del cielo es la primera entidad que se reveló en contra de Dios y a través de ella vinieron las contrataciones de todas las entidades que fueron arrastradas y caídas para ser parte del reino de las tinieblas.

**2. Artemisa.**
La puedes ver en datos bíblicos, arqueológicos, en fuentes de investigación judía, cómo el papel que desempeñó Artemisa estuvo influenciando en otras vidas, por ejemplo, en la vida de Nimrod.

**3. Jezabel.**
La puedes ver, tanto en el Antiguo como en el Nuevo Testamento.

**4. Diana.**
Fue una diosa de los efesios.

**5. Lilith.**
De esta potestad quiero seguirte enseñando en este capitulo, inicié en el anterior de una forma muy

fuerte para que quedaras alertado de la forma en que ataca, pero es necesario seguir ahondando a este respecto.

Ahora observa el siguiente versículo:

**Isaías 34:14 (LBA)** Las fieras del desierto se encontrarán con las hienas, el macho cabrío llamará a los de su especie; sí, **el monstruo nocturno** se establecerá allí, y encontrará para sí lugar de **reposo**.

**Isaías 34:14 (RVA)** Las fieras del desierto se encontrarán con las hienas. El chivo salvaje gritará a su compañero. **La lechuza** también hallará allí sosiego, y hallará **reposo** para sí.

**Isaías 34:14 (BJ2)** Los gatos salvajes se juntarán con hienas y un sátiro llamará al otro; también allí reposará **Lilit** y en él encontrará descanso.

**Isaías 34:14 (BNC)** Perros y gatos salvajes se reunirán allí, y se juntarán allí los sátiros. También allí **Lilit descansará y hallará su lugar de reposo**.

Es interesante ver que, lo que se traduce como **monstruo nocturno** y **lechuza** en algunas versiones de la Biblia como las 2 primeras que describí, en la tercera versión del mismo versículo de **Isaías 34:14**, dice claramente que es **Lilit**, aun en la versión que describí en cuarto lugar, también hace referencia a **Lilith**.

Además, en el Diccionario Strong lo traduce igualmente como Lilit; pero entonces puedo ver que el lugar de reposo de esta entidad es donde hay reposo aunque no como Dios lo enseña; pero partiendo de ahí puedo ver el modus operandi de Lilith y es la razón también por la cual es muy difícil de detectar cuando está en plena operación porque lo hace bajo un falso reposo, digo que es falso porque de una forma pacífica está fraguando su ataque por la misma razón que es su modus operandi para pasar por desapercibida.

Hablar de reposo para Lilith, es decir que las personas sufren ataques de esta entidad pero no saben quién es; Cristo reveló durante Su ministerio, que hay potestades que están en reposo y/o lo buscan para no ser descubiertas.

**Lucas 11:24 (NTV)** "Cuando un espíritu maligno* sale de una persona, va al **desierto** en busca de **descanso** pero, como no lo encuentra, dice: "Volveré a la persona de la cual salí".

### DESIERTO = FALTA DE PALABRA DE DIOS.

Este versículo está refiriéndose a un espíritu inmundo, pero puedo concatenarlo con Lilith por su modus operandi porque es similar al buscar reposo en la vida de una persona y un lugar desértico; lo cual es igual a lo que describe **Isaías 34:14**.

Pero ahora puedo preguntar: ¿por qué y qué significa el hecho que busque un lugar desértico, espiritualmente hablando? Sencillamente porque es un lugar sin agua, pero como estoy refiriéndome al punto de vista espiritual; el agua en la Biblia es la palabra de Dios; dicho en otras palabras, ese tipo de entidades se logran esconder en la vida de alguna persona o en hogares, cuando escasea la palabra de Dios, la revelación que lleva a discernir ese tipo de entidades.

## LILITH LA REINA DE LOS ÍNCUBOS E SÚCUBOS

Según los hebreos, reconocían que Lilith atacaba la pureza de una persona, la llamaban demonio de la impureza, haciendo involucionar a la persona que era víctima de este tipo de ataques. Con esto puedo decir entonces que si es el demonio de la impureza, ¿atacará a los impuros?, no porque ese tipo de personas están dominados por su influencia; lo que ataca Lilith es la pureza que hay en una persona; de aquí entonces la importancia de los medios que Dios dejó a tu alcance para que seas limpio, por ejemplo:

1. La palabra de Dios.
2. El ayuno.
3. La Santa Cena.
4. El bautizo.
5. Una ministración del alma.
6. Una liberación de demonios, etc.

Si has alcanzado una de las fuentes de descontaminación, lo que Lilith buscará es que involuciones para que seas impuro y que mantengas esa posición de impureza, por eso debes estar siempre debidamente vestido con la armadura de Dios y poder discernir cuando llegue un ataque a tu vida para poderlo contraatacar porque lo que Lilith ataca es el aspecto moral y consecuentemente se contamine el espíritu para que cuando empiece a involucionar, muera y que entonces el alma no tenga nadie que la reprenda o nadie que le haga estorbo para pecar.

Existen 3 puntos importantes que pueden contaminar el espíritu humano:

1. La idolatría.
2. La inmoralidad sexual.
3. El ocultismo.

Son actos naturales que afectan el alma, pero repercuten en el espíritu humano con el propósito de contaminarlo; razón por la cual dice la Biblia que de esos aspectos se debe huir, no resistir, sino huir.

## LA ESFERA DE LILITH

Es la esfera en la que se mueve por lo que puede hacer esta entidad; aunque no es permanente sino variable, está basada en lo siguiente, lo cual es diferente a su estructura:

1. La contaminación sexual.
2. Vampirismo.
3. Feminismo o matriarcado.
4. Íncubo
5. Súcubo.

## LA ESTRUCTURA DE LILITH

Lilith es un principado del mundo espiritual que tiene una estructura demoníaca, considerando con esto que una estructura tiene un diseño de conexiones para su debida funcionalidad, es por eso que al conocer su estructura, se puede conocer su función o funciones, porque una estructura es como los huesos del cuerpo, cada uno tiene una función especifica, conexión y coyuntura. Estructura significa entonces con quién está conectado y cómo funciona, obviamente es diferente a su nombre porque entonces su estructura queda de la siguiente forma:

1. Lilith.
2. Íncubos y Súcubos.
3. Homosexuales y Lesbianismo.
4. El espíritu de bisexualismo.
5. Bestialismo.

Con todo lo que has podido ver hasta este punto, podrás notar cierto orden el cual no es propio de las tinieblas, en realidad lo que el enemigo hace es imitar, copiar todo lo que ve hacer a Dios, lo pone en práctica porque sabe que de alguna forma le puede resultar productivo para sus propósitos malévolos, es por eso que tiene una estructura, tiene jerarquías, actúa en esferas, etc., lo que no puede definir es cuál será la forma de contraatacar de parte tuya, no sabe qué tanto puedes resistir o cuál es la estrategia a seguir en caso de un ataque de las tinieblas.

Partiendo que el enemigo puede copiar la forma en la que Dios trabaja, puedo decir que Lilith tiene un horario específico de ataque; Dios no tiene esa estrategia porque Él es soberano y trabaja en el momento que así lo considere, pero a lo que me refiero con Lilith es que pudo definir en qué horario puede tener mayor efectividad su ataque, en este caso puedo decir que siendo un espíritu nocturno, su operación será precisamente en lo oscuro para que nadie más lo sospeche, razón por la cual también, busca el reposo para fraguar toda su operación contra una persona.

Cuando hablo de un horario específico, puedo decir que su horario de mayor trabajo es cuando una persona está más profundamente dormida, lo cual es de 3:00 am a 6:00 am aproximadamente y en términos generales, porque habría que considerar las personas que trabajan de noche y duermen de día; al final el problema es cuando están en el sueño profundo **(respecto a los sueños te enseñaré en el siguiente capítulo con más detalles)**.

Hablando de horario normal, ese es el horario cuando Dios puede ministrar tu vida; aunque como ya lo mencioné, El es soberano y puede ministrar tu vida cuando así lo desee; pero entonces, si no se recibe una ministración de Dios, el diablo puede aprovechar el momento para hacerlo a través de sus ayudas o entidades como lo es Lilith.

## LA FORMACION DE LA ESTRUCTURA DE LILITH

Otro punto que debes saber es que Lilith necesita apoyarse sobre algo para levantar una estructura sobre la vida de una persona, por eso la importancia de lo que ves, oyes, palpas, etc., porque en el momento en que ella tiene un contacto más fuerte con alguien, puede encontrar materia prima para una casa, un edificio pequeño o un rascacielos, una fortaleza.

De aquí entonces que nadie puede soñar de la nada, es necesario tener materia prima para poderlo hacer; los sueños pueden formarse en base a lo que llegó a la vida de una persona durante el día, por aquello con lo que tuvo contacto directo o indirecto pero que dejó algo en el subconsciente.

## LILITH ESPÍRITU NOCTURNO

Una vez establecido cuál puede ser el mejor momento de ataque de esa entidad, puedo decir entonces que el primer encuentro de Lilith con el humano, es a través de los sueños, derivándose entonces lo siguiente:

1. Los sueños de fantasías eróticas.
2. Lo pueden sufrir los casados, solteros, divorciados y viudos.

Esto es lo que atrae a Lilith; si alguien ha estado alimentando su mente con fantasías eróticas, eso mismo es lo que reproducirá en sus sueños.

## EL MODUS OPERANDI DE LAS FANTASÍAS ERÓTICAS

1. Las fantasías alimentan a la imaginación.
2. La imaginación retrata imágenes.
3. Las imágenes producen emociones.
4. Las emociones provocan deseos de la carne.
5. Las emociones con imágenes eróticas son el receptor que atraerá a Lilith.

Algunos puntos ya los empecé a mencionar en el capítulo anterior, pero considero vital volver a mencionarlos por su grado de importancia y por lo que repercuten o por lo que atraen.

Debes saber que esas imágenes creadas nunca se borran del cerebro, vienen a convertirse en receptores al servicio de Lilith. La pornografía desata y abre la puerta a espíritus de seducción que producen ataduras. Los espíritu seductores son planos que significa: vagar y desviarse como quien va a una trampa, se vaga como en un círculo porque es un espíritu cíclico que vuelve la influencia constantemente, de ahí entonces que la pornografía tiene 10 fases.

## LA GUERRA ESPIRITUAL ARCAICA CONTRA LILITH

### La Emisión Del Semen

En la Torah se estableció la ley en contra la emisión o flujo de semen porque Lilith ya estaba operando. De aquí puedo ver lo que he dicho oportunamente: una ley se emite porque existen los considerandos; en este caso el considerando es el modus operandi de Lilith respecto a lo que se conoce comúnmente como un sueño húmedo, puesto que ella teniendo relaciones con un hombre, puede hacerlo que emita semen para que quede contaminado; esta práctica puede llevar incluso a un hombre a dejarlo estéril; pero quiero enfocarme en lo que dice la Biblia a causa del ataque de las tinieblas y la razón por la cual Dios tiene Su armadura disponible para que no caigas en el juego de Lilith.

Observa esta cita:

**Levíticos 15:16-17 (LBA)** "Y si un hombre tiene emisión de semen, bañará todo su cuerpo en agua y quedará inmundo hasta el atardecer. [17] "En cuanto a cualquier vestidura o piel sobre la cual haya emisión de semen, será lavada con agua y quedará inmunda hasta el atardecer.

**Levíticos 15:32 (LBA)** Ésta es la ley para el que tiene flujo y para el hombre que tiene una emisión de semen, contaminándose por él...

Obsérvalo en esta versión:

**Levítico 15:16** Y el hombre, cuando de él saliere derramamiento de simiente, lavará en agua toda su carne, y será inmundo hasta la tarde.

Con esto puedo ver entonces lo celoso de Dios en cuanto a la bendición que le brindó al hombre para que se multiplicara, por eso Lilith lo que busca es desviarlo por medio de la contaminación pecando contra Dios haciendo lo incorrecto, aunque sea por falta de conocimiento. Recuerda que la misma Biblia dice que la destrucción puede llegar por falta de conocimiento **(Oseas 4:6)**.

## SIGNIFICADO DE LA PALABRA FANTASÍA

Según los diccionarios de significado griego de la palabra, FANTASÍA, significa:

1. Para mostrar, para hacer visible.
2. Su adjetivo es imaginación o disponible de hacerse visible.
3. Hacer visible algo en la mente.

Según el diccionario de ingles Oxford:

1. Es el proceso la facultad de forma una representación mental de cosas no actualmente presentes.

Según el diccionario de Herencia Americana:

1. Es una imaginación o evento o secuencia de imágenes mentales.
2. Es como un sueño despierto o del día.
3. Una necesidad o deseo psicológico.

Una persona tiene capturada su imaginación, voluntariamente se dispone para recuperar aquella imagen para volver a experimentar lo mismo. El problema es que por ser un ataque de las tinieblas, se logra bloquear la mente de la persona para que no vea el daño interno que está causándose y considera que todo eso es normal hasta llevarlo a su forma de vida; tener experiencias con Lilith pero se acostumbró tanto, que dejó de molestarle al despertar porque lo hizo parte de su vida, pero nunca se percató del daño que podía estarle causando, al punto de haber quedado estéril, con el problema no solamente espiritual sino que, no habrá médico que le pueda dar el diagnostico del problema que está viviendo al haber llegado a ser estéril debido a un ataque de Lilith.

Obviamente que este tipo de problemas solamente Dios los puede solucionar por cuanto Él es especialista en imposibles; entonces quizá por medio del proceso de una ministración del alma y que pueda exteriorizar las experiencias de íncubos o súcubos que haya estado viviendo para entonces llevar a la luz de Jesús aquella situación y que a partir de ahí, haya una descontaminación hasta que todo su cuerpo vuelva a la normalidad y anular de esa forma la esterilidad.

## RECEPTORES DE LILITH

Se escucha mucho respecto a experiencias de jóvenes con íncubos o súcubos lo cual puede ser producto de un abuso que haya tenido esa persona y que eso le dejara el receptor para que llegara Lilith más adelante, aunque también puede ser que aun de niños quedaran marcados con esa situación y hayan quedado esclavizados a un espíritu de masturbación debido a un abuso de tipo sexual y que por miedo o vergüenza de decirle a sus padres, nunca lo dijeron, eso dejó el escenario abierto para que Lilith llegara a estorbar la vida de aquel niño o niña y que aun en la juventud lleve ese estigma, hasta que sea totalmente liberado en medio de una ministración al alma, pero es necesario que eso que ha guardado por años, sea expuesto a la luz de Jesús.

Quizá sea un adulto que ya se haya casado y tenga familia, parezca una familia totalmente feliz, pero cualquiera de los cónyuges tuvo una mala experiencia cuando fue niño y eso lo llevo a tener inclinación hacia el homosexualismo, situación que lo tiene viviendo sin poder ser feliz, en tal caso lo que necesita es ministrase, ser totalmente transparente con el ministro de Dios, con el propósito de ser libre de todo espíritu de homosexualismo que Lilith haya dejado y entonces continuar con su vida normal.

He tenido reportes de personas que desde niñas fueron violadas y eso les activó un deseo sexual a los 7 años de edad, quizá sin la satisfacción que esto pueda producir, pero se convirtieron en esclavas de la masturbación a tan temprana edad; pero todo porque hubo un receptor que heredaron y cuando habían transcurrido sus primeros 7 años de edad; llegó un emisario de las tinieblas para activar ese receptor de masturbación y dejarla marcada, hasta que alcance el conocimiento de la ministración del alma y pueda ser libre o si prefiere callar, seguirá en esa cárcel.

Por eso insisto, es mejor pasar por un momento de vergüenza o miedo, pero ser libre de todo demonio que Lilith haya dejado en los ancestros y que ellos los heredaran, quizá los ancestros nunca padecieron ese tipo de cosas porque tuvieron el receptor adormecido, pero cuando llegó el momento se activó por medio de una persona que estaba endemoniada y encontró quién tenía ese receptor para activarlo.

Recuerda que si tienes ese tipo de problemas, en ti está la oportunidad para dejar libre a tu descendencia, todo está en lo lleves delante de Jesús para que sea El quien rompa con cualquier tipo de cadena de la cual seas esclavo o esclava.

## HERENCIA ANCESTRAL

Otro de los problemas que puede surgir con estas situaciones es que se podría heredar porque al haber una violación, hubo sangre de por medio, lo que dio espacio a una contaminación en el ADN, de tal manera que desde niño, recién nacido, puede estar en riesgo si la persona de adulto prefiere seguir ocultado ese problema y por miedo o vergüenza, está poniendo en riesgo a sus hijos e hijas porque traen el receptor activado y Lilith no perdonará edad ni clase social, lo que ella busca es el receptor y reposar para manipular aquella vida.

Esta situación de herencia ancestral lo puedes ver en la Biblia con la vida de David, lo que vivió siendo hijo de pecado, cometió el mismo pecado y lo heredó a sus hijos porque en la sangre se puede codificar esa herencia ancestral.

El tema de la herencia genética dejó de ser tan simple como se puede escuchar, aunque no tiene nada de simple; pero quiero referirme a que existe la herencia epigenética lo cual puede heredarse de generación en generación y quizá se salte una o varias generaciones y se active en la persona que menos se imagine, el problema es que el receptor está y puede activarse en cualquier momento y llegará Lilith a ocupar ese receptor para hacer lo que sabe hacer en tinieblas.

## CREENCIAS JUDÍAS DE LILITH

En la tradición judía, Lilith es un espíritu femenino de la noche con claras connotaciones negativas (sexuales y antropófagas).

## LA PROLE DE LILITH

Sus recién nacidas son denominadas **LILIMS**, dicho en otras palabras, es la descendencia que tiene, producto de las relaciones que sostiene con humanos.

En todas las culturas se asocia esta figura mítica con la sangre (las vampiras vienen de la influencia de Lilith).

## LILITH EN LOS MOVIMIENTOS FEMINISTAS

1. Lilith es todo un símbolo para muchas feministas que la consideran la primera feminista de la historia y un símbolo de libertad sexual sobre el hombre.

2. La primera vez que se hace mención de Lilith, fue a mediados del tercer milenio en la cultura sumeria.

3. En el período del tercer al quinto siglo, estudiosos hebreos dicen que se referían a Lilith como un demonio femenino.

4. Durante la edad de los cabalistas, ella fue dada a conocer como la reina de los espíritus femeninos, de ahí el por qué de la estructura de entidades femeninas.

5. En el período del séptimo siglo, aparece por primera vez una imagen tallada de Lilith en el área norte de Siria; la imagen era con alas y parecida a una esfinge y una inscripción

que decía: oh voladora de la cámara oscura, vete de una vez Lilith.

6. En el período del octavo siglo en Israel, se le conoce como demonio con cuerpo de Querubín.

## Significado De Lilith

### SEGÚN EL DICCIONARIO STRONG

Nombre de una diosa hembra conocida como un demonio nocturno que frecuenta los lugares desolados de Edom. Podría ser un animal nocturno que habita los lugares desolados.

### SEGÚN LOS SUMERIOS

1. Lilith, la mujer escarlata.

2. Escarlata es el color rojo que adquiría al contaminar la sangre de los humanos con la intoxicación sexual.

3. En sumerio, Lilith significa viento.

Habrá mucho que estudiar de esta entidad, pero lo principal es que logres tener la armadura de Dios en todo momento, pensar que no puedes optar a vacaciones espirituales porque en el primer momento que atentes contra tu vida espiritual pensando que hay tiempo de tregua; eso lo aprovecha el enemigo con el engaño más sutil, de tal manera que podrías no estar consciente del ataque hasta que el enemigo alcance su propósito.

Esfuérzate y sé valiente en todo momento, que tu corazón esté siempre delante de Dios buscándolo con todas tus fuerzas, recuerda que debes resistir cuando sea el momento de resistir y huir cuando sea su momento.

# LILITH LA REINA DE LOS ESPIRITUS NOCTURNOS (II)

# Capítulo 7

Continuaré con el estudio de la entidad de la cual considero que es necesario conocer lo mayormente posible por el modus operandi que tiene de ataque lo cual proviene desde hace muchísimo tiempo, solamente para que te hagas una idea desde dónde puede provenir; fue conocida dentro de la cultura babilónica, asiria, judía, árabe, sumeria, egipcia, griega, romana y en el norte de Europa.

Todos ellos conocen de Lilith, principalmente en forma ancestral porque en la antigüedad hubo una manifestación más clara o visual que en la actualidad; hoy puedo decir que, si bien es cierto su ataque se ha intensificado, también puedo decir que por la sutileza en la forma como lo hace, no es tan notoria, pero eso no significa que no esté, sino que, es más sigilosa.

Por supuesto, no estoy diciendo que sea ahí donde se originó y por eso ellos la conocieron un poco más, sino me refiero a que son culturas poderosas y antiguas, pero por la misma razón tuvieron una influencia más fuerte aun porque el propósito de las tinieblas es dañar la fuente que pueda influenciar a muchos más.

## Estructura Del Reino De Tinieblas

Respecto a esta estructura, habría mucho de qué explicar, pero el punto en cuestión es Lilith, entonces quiero centrarme en explicártelo en forma específica.

## SIGNIFICADO DE LA ESTRUCTURA DE LILITH

En algunas culturas, se dieron a la tarea de esculpir una imagen que fuera como lo que ellos conocían a Lilith; no la mostraré porque no es ese el propósito pero basta con que la busques en cualquier buscador de internet y teclees ese nombre, para que empieces a verla, aunque tampoco lo recomiendo, insisto, no es ese el propósito, sino más bien que puedas conocer su forma de engaño y ataque para que puedas discernir sus movimiento y delatarla en cualquier momento para anular su operación. Entonces te enseñaré lo que lleva con ella, según su escultura:

1. Lleva 2 juegos de anillos y una vara, lo cual eran signos de autoridad en la cultura sumeria y babilónica; esto era lo que utilizaba para enlazar a una persona.

2. Esta parada sobre 2 leones, signos de poder y autoridad así como fertilidad (en Isaías 34:14 se mencionan hienas y no leones pero en la escultura son leones).

3. La lechuza símbolo de sabiduría, de influencia nocturna y de un ser que está vigilante durante la noche.

Debes analizar cada situación de las que aquí se mencionan porque no es un dato para verlo una vez, sino que puedas notar lo que está sucediendo alrededor del mundo; principalmente en relación a la lechuza, es una figura que la utilizan muchas veces como modelo de alcancía y en el ámbito de publicidad y mercadeo, para muchas cosas más porque para el mundo representa sabiduría pero lo que no saben es que es una sabiduría diabólica.

## LAS FORTALEZAS Y CULTURAS

Existen 2 factores que están muy bien fortalecidos y/o unidos entre sí, por lo cual se sostienen y se determinan los ambientes con cierto comportamiento.

## EJEMPLOS DE CULTURAS Y SUS INFLUENCIAS

1. Las culturas de los griegos: con influencia filosóficos, creyentes en los dioses llamados titanes como Hércules, Zeus, etc.

2. La cultura de los romanos: con influencia idolátrica.

3. La cultura babilónica: con influencia de astrología y magia.

4. La cultura egipcia: con influencia politeísta, 100% mística.

5. La cultura Maya: con influencia politeísta, poseedores de un conocimiento del mundo espiritual, practicantes del nahualismo y con comunicación a la naturaleza.

6. La cultura Inca: con influencia politeísta, de igual manera que lo mayas.

7. La cultura Azteca: con influencia politeísta, de igual manera que los Mayas e Incas con diferente lenguaje de comunicación.

Las fortalezas y las culturas, crean en la mente lo llamado **"Mentalidad Cultural"** por esa razón, en cada región existen diferentes maneras de pensamientos pero los llevan a la misma esclavitud.

## EL NAHUALISMO

Esto no es realmente un rasgo cultural, es más bien una palabra que con su aplicación constante se ha hecho realidad su acepción: **NAHUAL = BRUJO QUE SE TRANSFORMA**, aplicable a los individuos capaces de convertirse en animales, esto está relacionado a una serie de fenómenos y conjunto de creencias y prácticas de ocultismo. Entre las transformaciones más comunes, puedo mencionar las siguientes con los rangos que representan en el mundo espiritual de las tinieblas:

1. Jaguares  = Chamanes y Jefes Mayores.
2. Ocelotes  = Jefes políticos menores.
3. Coyotes = Hombres más notables.
4. Zarigüeya  = Gente más común.

La utilización de animales para el nahualismo es para prácticas de brujería y hechicería, estos son utilizados como intermediarios en la práctica de ocultismo, pero todo esto dirigido por las tinieblas, por eso la escultura que tallaron los antiguos respecto a Lilith, tiene animales, porque ella los utiliza conociendo lo que puede lograr con ellos, conocimiento que ha trasladado a gente que son sus seguidores. ¿Por qué con animales?, porque son como puntos de contacto entre una dimensión y la otra.

## La Anatomía de Los Incubos y Súcubos

A continuación podrás ver otro punto sumamente importante que necesitarías aprender respecto a las manifestaciones de Lilith en su forma de ataque por engaño de tipo sexual, de tal manera que, bajo esta perspectiva debo enseñarte entonces lo siguiente:

### LA ESTRUCTURA Y EL NOMBRE DE LILITH

Lilith es un principado del mundo espiritual, la cual como ya lo mencioné, tiene una estructura que debes conocer con el propósito de saber sus funciones, descubrir su forma de operar y de esa forma anular cualquier ataque que esté planificando contra ti o tu familia, aun más, para que puedas advertir a otra persona cuando logres discernir esa situación, obviamente si el Espíritu Santo te mueve a que lo hagas porque tampoco se trata de imponer las cosas, recuerda que las cosas de Dios se exponen y la persona que las recibe decidirá si las toma o prefiere atravesar cualquier situación de la que se le haya advertido.

## ¿QUÉ ES UNA ESTRUCTURA?

De una forma muy didáctica puedo decir que, una estructura es como los huesos del cuerpo humano, cada uno tiene función específica, conexión y coyuntura con quién está conectado y cómo funciona, de aquí entonces que estructura no es igual al nombre de una potestad.

Ahora observa este punto de suma importancia por cuanto esta última parte del libro, está enfocada específicamente a la anatomía de los íncubos y los súcubos.

## ANDRÓGINOS

Androginia (del griego ἀνήρ "hombre" y γυνή "mujer")

- Se refiere a un organismo que tiene características tanto masculinas como femeninas.

- Según la Real Academia Española, "andrógino": cuyos rasgos externos no se corresponden definidamente con los propios de su sexo.

- El andrógino sería entonces un ser físicamente intermedio, con rasgos sexuales de hombre y de mujer o bien, un hombre o una mujer que no aparenta de forma clara el sexo al que pertenece.

- Esto es bajo la perspectiva de la anatomía de Lilith, aunque como ya lo dije en los capítulos anteriores, es bisexual dependiendo del ataque que desee lanzar y a quién lo lanzará.

- Los íncubos y súcubos tienen múltiples habilidades para actuar.

- Asumen las formas de hombres y de mujeres durante el sueño profundo y el subconsciente. Tienen capacidad de entrar en los sueños de la persona sin dejarla despertar. Siembran lujuria en la mente y entonces entran en acción, siempre bajo el estado de sueño.

- Se pueden desplazar desde el plano de consciencia hasta el plano físico (espíritus metafísicos), son espíritus con la capacidad de materializarse a manera de hacerse sentir por aquellos que vienen a familiarizarse en sus manifestaciones. De manera que en algunos casos vienen a hacer la pareja sexual de un hombre o una mujer; una práctica muy antigua donde se practicaba sexo entre demonios y seres humanos, o sea, seres espirituales de las tinieblas y humanos.

- Pueden transmitir sentimientos al agrado de ser celosos de su víctimas, aunque ya lo mencioné en los capítulos anteriores quiero dejarlo escrito aquí como parte de la anatomía de los íncubos y los súcubos. Se aferran a alguien y lucharan contra toda persona que intenta involucrarse afectivamente con la persona de la cual está siendo victima del ataque de Lilith.

- Consecuentemente no permiten la competencia ni la rivalidad sentimental.

- Tienen la capacidad de embarazar a su pareja con "viento" o embarazo psicológico.

**Isaías 26:17-18 (LBA)** Como la mujer encinta, al acercarse el *momento de* dar a luz, se retuerce *y* grita en sus dolores de parto, así éramos nosotros delante de ti, oh SEÑOR. [18] Estábamos encinta, nos retorcíamos *en los dolores,* dimos a luz, al parecer, *sólo* viento. No logramos liberación para la tierra, ni nacieron habitantes del mundo.

La prole de Lilith, sus recién nacidas son denominadas **Lilims**.

## LILITH

1. En todas las culturas se asocia esta figura mítica con la sangre (las vampiras viene de la influencia de Lilith).

2. Lilith es todo un símbolo para muchas feministas que la consideran la primera feminista de la historia y un símbolo de libertad sexual sobre el hombre.

## LA PSEUDOCIESIS

Conocida también como embarazo psicológico, embarazo utópico, embarazo imaginario, falso embarazo o síndrome de Rapunzel; es un síndrome raro en el cual una mujer, que no está embarazada, no sólo cree que lo está, sino que también pasa a presentar síntomas típicos de un embarazo, incluyendo ausencia de menstruación y aumento del volumen abdominal.

La pseudociesis es un trastorno psicológico que no tiene nada que ver con simulación o fingimiento lo cual se deriva porque pudo haber tenido abortos o por la presión de la sociedad al verla casada y no tener hijos o hijas, eso provoca una batalla en la mente que lleva a la mujer a sentirse embarazada.

- Para los incubo y súcubo entrar en contacto con el humano a través del sexo, les da permanencia en esta dimensión, de lo contrario Lilith los envía al desierto.

- Los embarazos que producen son llamados inseminaciones diabólicas.

- Es la antítesis de la concepción divina de Jesús en María.

**Lucas 1:35** Respondiendo el ángel, le dijo: El Espíritu Santo vendrá sobre ti, y el poder del Altísimo te cubrirá con su sombra; por eso el santo Niño que nacerá será llamado Hijo de Dios.

- Se presentan durante la tercera faceta del sueño, hacia al sueño profundo porque lo que busca es estorbar las promesas de Dios.

**Salmo 4:8** En paz me acostaré y así también dormiré, Porque sólo Tú, SEÑOR, me haces vivir seguro.

## LAS ETAPAS DEL SUEÑO

Normalmente se tienen 4 etapas y el sueño REM (movimiento rápido de los ojos), serían 5 etapas.

- Cada ciclo de sueño completo toma un promedio de 90 a 110 minutos. Eso significa que estas etapas progresan cíclicamente desde 1 hasta REM luego comienzan nuevamente con la etapa 1.

## SOLO PARA LA ETAPA REM

- Los científicos no descubrieron el sueño REM hasta 1953 cuando nuevas máquinas se desarrollaron para monitorear la actividad cerebral.

- Antes de este descubrimiento se creía que la mayoría de la actividad cerebral cesaba durante el sueño.

- Teorías recientes unen al sueño REM con el aprendizaje y la memoria.

- Los adultos más viejos pasan progresivamente menos tiempo en el sueño REM.

## SUEÑO ETAPA 1
## ADORMECIMIENTO

1. Esta etapa ocupa el 10 % del tiempo total del sueño.
2. Es un estado de somnolencia que dura aproximadamente 10 minutos.
3. Es la transición entre la vigilia y el sueño.
4. Se pueden dar alucinaciones tanto en la entrada como en la salida de esta fase.

## SUEÑO ETAPA 2
## LIGERO

1. Esta etapa ocupa el 50% del tiempo.
2. Es un estado de sueño que dura entre 45 a 55 minutos (del ciclo de 90 a 110 minutos).
3. Disminuyen tanto el ritmo cardíaco como el respiratorio, períodos de calma y súbita actividad, lo cual hace más difícil despertarse.

4. Nuestras pulsaciones son extremadamente bajas y el cerebro presenta dificultades para registrar contacto con el cuerpo, por lo que manda un impulso para corroborar que dicha conexión entre el cerebro y el cuerpo esté en normal funcionamiento.
5. Este impulso produce una reacción y sensación violenta como "soñar que caemos".

## SUEÑO ETAPA 3
## TRANSICIONAL

1. Fase de transición hacia el sueño profundo.
2. Pasamos de 2 a 3 minutos aproximadamente en esta fase.
3. Transitar de una etapa a la otra, de la 3 a la 4.

## SUEÑO ETAPA 4
## DELTA

1. Fase de sueño lento, las ondas cerebrales en esta fase son amplias y lentas así como el ritmo respiratorio.
2. Cuesta mucho despertarnos estando en esta fase.
3. Dura unos 20 minutos aproximadamente.
4. Ocupa el 20% del tiempo total del sueño.
5. No suelen producirse sueños.

## SUEÑO ETAPA REM PROFUNDO 5

1. El total del sueño paradójico es el 25% del sueño.
2. Fase en la que el cerebro está muy activo, el tronco cerebral bloquea las neuronas motrices de manera que no nos podemos mover.
3. Esta es la fase donde soñamos y captamos gran cantidad de información de nuestro entorno debido a la alta actividad cerebral que tenemos.
4. La respiración se hace más rápida, irregular y superficial, los ojos se agitan rápidamente y los músculos de los miembros se paralizan temporalmente.
5. También, el ritmo cardíaco aumenta, la presión arterial sube.
6. Es el tiempo en que ocurren la mayoría de los sueños, y si es despertada durante el sueño REM, una persona puede recordar los sueños.
7. La mayoría de las personas experimentan de tres a cinco intervalos de sueño REM cada noche.

## LA PUERTA DE LOS ÍNCUBOS Y SÚCUBOS

Describí el proceso de los sueños porque considero que es importante conocer lo que sucede mientras una persona duerme y cómo las tinieblas aprovechan ese proceso para convertirlo en la puerta de entrada de la manifestación de Lilith para el ataque de tipo sexual en el sueño, es ahí donde pueden conseguir el derecho en el cuerpo, el alma o la mente de las personas que les permite quedarse. Pretenden apoderarse de la persona aun desde los sueños y no permiten la competencia ni la rivalidad sentimental; he insistido con este punto porque una vez llega esa potestad a los sueños, es como una cadena muy fuerte aunque no imposible para que Dios la rompa.

## LA PROMESA DE DIOS

**Salmos 91:1-6 (LBA) 1** El que habita al abrigo del Altísimo morará a la sombra del Omnipotente. **2** Diré yo al SEÑOR: Refugio mío y fortaleza mía, mi Dios, en quien confío. **3** Porque Él te libra del lazo del cazador y de la pestilencia mortal. **4** Con sus plumas te cubre, y bajo sus alas hallas refugio; escudo y baluarte es su fidelidad. **5 No temerás el terror de la noche**, ni la flecha que vuela de día, **6** ni la pestilencia que anda en tinieblas, ni la destrucción que hace estragos en medio del día.

## LA DESCONTAMINACIÓN DE

## LOS ÍNCUBOS Y SÚCUBOS

- En primer lugar limpiar la habitación (el lugar donde visito Lilith).

- Lavando toda la extensión, entiéndase con esto la ropa de cama, pijama, etc., donde se dio el sueño mojado.

Como puedes ver, es importante y de suma urgencia que asumas el lugar y responsabilidad que te corresponde como hijo de Dios, proceder a esforzarte por tener la armadura de Dios y ceñírtela todos los días de tu vida porque eres un guerrero dimensional que necesitas ser diestro con las armas de luz que tienes de parte de Dios; debes ser lo suficientemente diestro porque las vas a utilizar, eres un guerrero dimensional que estará en constante batalla por cuanto Dios tu Padre, es Jehová de los ejércitos, Varón de guerra.

www.ingramcontent.com/pod-product-compliance
Lightning Source LLC
Chambersburg PA
CBHW071701160426
43195CB00012B/1536